これで差がつく
職場の常識
非常識

藤原誠二

明窓出版

■はじめに

仕事で大切なことは2つ

仕事を進める上で、一番大切なのは次の二つのことになります。一つ目は人に迷惑をかけないことです。自分では迷惑をかけていないつもりでも、仕事の基本や常識が身についていませんと、知らず知らずのうちに迷惑をかけ、そのことが大きな障害となってしまうのです。

二つ目は、少ない投資でいかに大きな成果を上げるかということです。時間、物、エネルギーなどを効率的に使うことです。

本書は以上の二つのことを基本に実務に即した、また、読んで分かりやすい内容になるようにまとめました。

仕事の中核となるものは5つ

基本的な考え方として、以前は、品質、コスト、納期が大きな柱としてとらえられていましたが、今ではこれらの三つに加え「顧客満足度、環境負荷低減」が求められるようになりました。人の命を軽視したり健康を損ねるなどの品質問題は、はなはだ許せないことであります。

環境問題にしましても、今年2月16日に京都議定書が発効となり、日本は温暖化対策として二酸化炭素やメタンなど、6種類で6%の低減目標を実行に移さなければならず、環境問題は今や企業だけでなく、国民一人ひとりも考えていかなければならない問題となっています。

本書のあらまし、ねらい

職場の礼儀とマナーでは、日常で使う挨拶用語や電話の応対用語など時系列に、できるだけ分かりやすくまとめました。また、電話では注目すべき失敗原因を明らかにし、その防止策を取り上げています。

仕事の基本事項は前述した通り、「品質、コスト、納期、顧客満足度、環境負荷低減」を中心に書き進めています。

事務作業では非効率の原因と、それらの対応策を取り上げています。

ビジネス文書では実例を示しながら、文書作成のポイントをまとめました。ビジネス文書では内容に洩れがなく、正確で分かりやすく、いかに相手を動かす文章にできるかが大切であると思います。文書作成に必要なポイントをしぼり書き上げました。

改善については事例を多く取り上げています。改善は仕事を効率的に進める上で、最も大切な手法です。本書も改善思考をフルに発揮して書きました。

職場の冠婚葬祭ですが、訃報連絡などの大事な処理がキチンとできるなど、自らの経験をもとに職場で必要な冠婚葬祭知識をまとめました。

職場の安全衛生についてですが、残念ながら年間１７００名近い方が労働災害で尊い命を落とされ、１３万人近い方が４日以上の休業災害に遭われています。今まで経験したことや見聞したことで、役に立つと思われる内容のものを取り上げました。

労働災害も含め、重大事故は過去の失敗事例を生かすことが、何よりも優先されると思います。さらに社会面で知りうる情報は常に自分の会社、家庭に置き換えて見直ししていくことが必要、かつ求められていると考えます。

終わりに本書を発行するにあたり、明窓出版編集長の麻生真澄様ほか、社員の皆様には本ができ上がるまで細部にわたりご配慮ご協力を頂きました。この場をお借りし、心から厚くお礼を申し上げます。

藤原誠二

◎これで差がつく　仕事の常識・非常識　目　次◎

STEP 2

仕事の基本と進め方

STEP 3

事務作業のポイント

STEP 4

ビジネス文書の作成

STEP 5

改善の進め方と手法

STEP 6

職場の冠婚葬祭知識

STEP 7

職場の安全衛生知識

STEP
1

職場の礼儀とマナー

1. 挨拶で人間関係を豊かに
2. 上司に呼ばれたら的確に応対する
3. 上司に仕事を中断してもらうには
4. 職場の電話にはやく慣れる
5. 感じの良い電話の取り次ぎ方
6. ポイントを押さえた電話のかけ方
7. 電話で失敗を防ぐ基本事項３つ
8. おとなの言葉で表現力アップ
9. 恥をかかない席次マナー

1　挨拶で人間関係を豊かに

挨拶は人の心をなごませ、人間関係を豊かにしてくれます。朝、気持ちの良い挨拶を交わすことができれば、すがすがしい一日のスタートがきれます。

以前勤めていた会社の社長は、とても人間味のある穏やかな人でした。社長も私も出勤が早かったので、朝、会うことが多かったのですが、挨拶をいたしますと必ず気持ちのよい言葉を返してくれていました。何か心に通うものを感じたものです。

また、私は他にもとても素晴らしい挨拶ができる人とお会いしたことがあります。その方とは一ヵ月ぐらい、朝、玄関やロビーで顔を合わせる程度でしたが、本当に明るい女性の方で、その人が入ってこられただけで、その場が明るくなり、まるで待ちこがれていた春が訪れたような雰囲気になりました。

その方はとても明るい笑顔とハッキリした声で、朝なら「お早うございます」と挨拶をされ、お辞儀も折り目正しくされていました。「本当に気持ちの良い挨拶ができますね」という私の言葉に、「皆さんから元気を頂けるから、私も気持ちの良い挨拶ができるように心がけています」という答えが返ってきました。気持ちの良い礼儀正しい挨拶は、人間関係を豊かにしてくれます。日々の仕事の中でもぜひ心がけたいものです。

職場での一日の挨拶

朝

●朝の挨拶

「お早うございます」

笑顔で先にする

離席

●離席（外出）

「〇〇に行ってまいります」

「ただ今帰りました」

用件・行先・戻る時間を告げて出る

外出

●見送る

「行ってらっしゃい」

「行ってらっしゃいませ」◂上司・先輩

●戻ってきたら

「お帰りなさい」

「お疲れ様でした」◂上司・先輩

「お疲れ様でございました」◂上司をねぎらう

社内

●社内の人に会う

「お疲れ様です」

ねぎらいの言葉をかける

退社

●退社する人には

「ご苦労様でした」

「お疲れ様でした」　◂上司・先輩

●退社する

「お先に失礼いたします」

❗注意　上司に「ご苦労様でした」は間違い。本来、目上の人が目下の人に使う言葉。（「ご苦労であった」と同じ意味合いになる）

2　上司に呼ばれたら的確に応対する

上司に呼ばれたらまず、「はい」とハッキリと返事をすることが大切です。返事の声が小さかったり、また、声が届かなかったら再度呼ばれることになります。

皆さんも、例えば誰かを呼んで返事が小さかったり、返事が聞こえなかったりしますと、心情的に面白くないと思います。呼ばれたらまず「はい」と届く声で返事をすることです。ハッキリした気持ちの良い返事は、上司だけでなく誰からも好感を持たれます。

来るように言われたら「ただいま、まいります」と言って速やかに上司のもとに行き、「お呼びでしょうか」と声をかけます。黙ってデスクの前に立つ人がいますが、大人の振舞いではありません。必ず声をかけましょう。

上司の指示内容には６Ｗ３Ｈ「誰が、いつまでに、どこで、何を、なぜ、どのように、誰に、どれくらい、いくら」で該当する事項をメモに取り、分からないところがあればその場で必ず確認します。また、重要な事項については内容を復唱することです。

指示命令に対しては、普段から６Ｗ３Ｈに添ってメモを取るようにすれば、指示命令に抜けがあってもすぐ分かります。仕事を進めていくにはその目的、必要性、方法、期限、量や数、費用などの内容を知ることが必要なのは言うまでもありません。

上司への応対用語

呼ばれる

● 呼ばれたら

「はい」　ハッキリと届く声で

● 来るように言われたら

「ただ今まいります」

● 上司のデスクに着いたら

「お呼びでしょうか」　声をかける

承諾

● 上司の指示が分れば

「はい、かしこまりました」
「はい、承知いたしました」

確認

● 指示内容を確認

「〇〇購入の件、予算は〇〇万円以内で、
２案以上を今月末までにですね」
「承知いたしました」

6W3Hでメモを取り、確認する

ミス

● ミスを指摘されたら

「失礼いたしました」◂軽微なミス
「大変申し訳ありません」
「お詫びの申し上げようもありません」

【6W3H】
誰が（Who）　いつまでに（When）　どこで（Where）　何を（What）
なぜ（Why）　どのように（How）　誰に（Whom）
どれくらい（How Many）　いくら（How Much）

3　上司に仕事を中断してもらうには

仕事を進めていく中で、上司に対して報告や諸連絡、そのほか相談や急ぎの書類、伝票にハンコをもらうなど多くのことが出てきます。そのつど上司には仕事を中断してもらい、それらの処理をしてもらうことになります。

上司に仕事を中断してもらうには、必ず、まず「失礼いたします」と断り、その上で「今、よろしいでしょうか」「少しお時間をいただきたいのですが」など都合を確認することです。このことは上司だけでなく、同僚や他部署の人にも同じことがいえます。仕事を中断してもらうには、それなりのマナーが必要です。

上司の来客中に緊急な相談や連絡事項ができた場合も、同じように「失礼いたします」と断った上で話を中断してもらい、「急ぎの連絡事項があるのですが、実は……」と小声で切り出し、内容によってはメモ書きもいっしょに渡し伝えることです。

また、上司が会議中の場合はいくら急いでいても、必ず「ノック」をし、「会議中、失礼いたします」と断って入室することです。たまにノックもしないで、慌てて入室する人がいますが、同席の人に失礼があれば、上司はこの上なく心を痛めることになるのです。

上司の都合を確認する

仕事中断

● 上司の仕事を中断する

「失礼いたします」
「今、よろしいでしょうか」
「少しお時間をいただきたいのですが」

報告相談

● 報告、相談する

「○○の件でご報告したいのですが」
「○○の件でご相談したいのですが」

依頼

● 依頼する

「ぜひ課長のお力添えをいただきたいのですが」
「ぜひ課長のお知恵をお貸しいただきたいのですが」

来客中

● 来客中の上司に急ぎの連絡

「失礼いたします」
「お話中申し訳ございません」
「急ぎの連絡事項があるのですが」

会議中

●上司が会議中に急ぎの相談

「会議中失礼いたします」
「課長、急ぎのご相談があるのですが
よろしいでしょうか」

【上司にも都合がある】

上司にも忙しいときがある。会議前や出張前は特に資料のまとめなどで忙しくしている場合が多い。上司のスケジュールを常に知って、出張の予定があれば早めに相談やハンコをもらうようにすることが大切である。

4　職場の電話にはやく慣れる

　電話は日常生活において、誰もが支障なくごく自然に使っていますし、電話を受けたりかけたりするのに、特別に苦労することはまずありません。

ところが会社での電話となりますと、事は簡単に運んでくれません。新入社員に電話の応対訓練をいたしますと、かなり緊張しているのが見てとれます。簡単と思える電話の応対にも、ビジネスにおいては専門的な言い回しがありますし、職場の電話機の操作にも慣れていないことと、未知のところからかかってくるなど、すべての面で初体験だからです。

　電話をかけるのが仕事というほど電話をしていた私も、出向で他社で働いたときには、電話に慣れるまでに少し手間取ることもありました。電話にはやく慣れるには、ちょっとした工夫をすることです。机のレイアウト図を書き、電話番号と名前、ついでにその人の特徴も失礼のない程度に書き入れて覚えるようにすれば、はやく馴じむことができます。

　呼び出し音が3回鳴るまでに電話に出るように指導を受けても、慣れるまではできるだけ出たくないのが本音だと思います。関係先の社名やその担当者の名前など、電話のリストなどで覚えるようにすれば、よりはやく電話に慣れていくと思います。

電話恐怖心の要因と対策

電話に出たくない要因は3つ

① 電話機の操作が不慣れ、分からない

② 転送先がすぐ見つからない

③ 未知の会社、関係者からかかってくる

電話にはやく慣れる実施事項は4つ

① 電話機の操作をはやく覚え身につける

同僚・先輩に頼んで電話機の操作をシミュレーションして体に覚えさせる。

② 電話帳を「あいうえお」順に作成する

会社の電話帳は職場単位になっていることが多いので、検索しやすいように「あいうえお」順に作りかえる。

③ レイアウト図を作成

（例）

<table>
<tr><td>100番
鈴木部長</td></tr>
</table>

<table>
<tr><td rowspan="2">101番
田中課長</td><td>102番
中村係長</td><td>103番
Aさん</td><td>104番
Bさん</td></tr>
<tr><td>105番
Cさん</td><td>106番
Dさん</td><td>107番
自分</td></tr>
</table>

④ 関係先・関係者を電話のリストで予め確認

関係先や関係者を予め電話のリストで確認し予備知識を得ておくと社名など聞いたとき分かりやすい。一度聞いただけでは覚えられない横文字の社名が多くなっているので、予習は効果的である。

5　感じの良い電話の取り次ぎ方

大阪の取引先でしたが電話を入れますと、若い女性社員の方が「こんにちはー」ととても明るい声で応対をしていました。面識があればこれも許されるかもしれませんが、少し馴れ馴れしい感じがして感心しませんでした。

そこへいくと電話交換業務を専門にされている方は、声、話の間の取り方、取り次ぐ際の手際良さ、何ひとつ取ってみてもさすがプロだなーと感心させられます。

職場では上司や先輩の方が、とても上手く電話応対をされているのを耳にすることがあると思いますが、上司も先輩も最初から今のように上手く話せたのではなく、失敗と経験を重ねていくうちに、今のレベルになったのです。

最初の頃はとにかく電話で使う専用用語、よく使うフレーズを声に出して体で覚えるくらいの努力が必要です。基本的なフレーズをしっかり身につけていけば、知らず知らずのうちに基本が身についてくるものです。

いくら電話のシステムが進歩していっても、話すことには変わりないと思います。若い時にしっかり電話の基本を身につけていくことです。管理監督者になっても、恥ずかしくない電話の応対ができるように日頃から気を付けて取り組みましょう。

電話の受け方とポイント

名乗る	「お早うございます」 「○○○○総務課の田中でございます」 コール3回以上には「お待たせいたしました」
確認	「鈴木商事の中村様でいらっしゃいますね」 「いつもお世話になっております」 決まり文句ですが形式的にならず心を込めて
待たす	「少々お待ちください」 取り次ぐ際の決まり文句
取り次ぐ	● 指名人につなぐ 「荒木課長、鈴木商事の中村様から お電話です。おつなぎします」 ● 指名人が電話中、外出中の場合 「申し訳ありません」 「荒木はただ今、他の電話に出ております」 「荒木はただ今、外出しております」 ● こちらから電話を入れる 「こちらからお電話させていただきます」 「念のためお電話番号をお願いします」
復唱	「00-1111-2222番ですね」
終わりの挨拶	「私、総務課の田中です。失礼いたします」

❶注意　指名人がすぐ出られないときは、必ず電話機を保留にすること。電話機の感度が良いため事務所内の話声が筒抜けになることも。

6　ポイントを押さえた電話のかけ方

電話をかける際の注意事項として次のことがあります。相手の都合を考えて電話を入れる、すぐ結論が出ない調整事項は、予めＦＡＸかメールを入れておく。必要事項はメモ書きした上でかけるなどです。よく電話をする人は、その仕方を見直してみる必要があります。まず電話をかけるタイミングなのですが、始業、終業間際、または午後一番などは朝礼、昼礼、夕礼などを行っていることもありますし、特に朝は一日の打合せなどを行っていることも多くありますから、時間を少しずらして電話をかけるようにすることが大切です。

話す内容については、必ず必要事項をメモしてから電話することです。言い忘れがあって電話をかけ直している人をよく見かけますが、感じの良いものではありません。また、相手に迷惑をかけることにもなります。

電話の内容によっては、検討が必要なものもあります。そんなときは予めメールやＦＡＸを入れてから電話をかけるようにすれば、効率的に仕事を進めることができます。

電話は言葉でこちらの考えを伝えるわけですから、聞き取りやすいようにハッキリと、丁寧な話し方が必要です。電話を受ける人も最初に社名や名前が聞き取りにくい場合は、必ず聞き返すことになるからです。言葉はゆっくり明瞭に話しましょう。

電話のかけ方とポイント

名乗る

「お早うございます」　言葉はハッキリと

「○○総務課の田中でございます」

挨拶

「いつもお世話になっております」

取次依頼

「総務課の藤井様はいらっしゃいますか」

相手が出たら

再度、社名、名前を伝え挨拶した上で用件に入る

「本日は先般お願いいたしています○○の
件でお電話させていただきました」

「お時間を少々いただいて、よろしいでしょうか」

結論や重要事項は必ず最後に確認を入れる

不在のとき

かけ直す　「それではあらためてご連絡をさせていただきます」

伝言依頼　「恐れ入りますが伝言をお願いして
よろしいでしょうか？」

終わりの挨拶

「よろしくお願いいたします」

「失礼いたします」

必ず相手が電話を切ってから受話器を置く

❗注意

電話は便利だが必ずしも効率的ではない。問合せ、納期確認、すぐ結論が出ない検討事項などは予めメールかＦＡＸを入れてから電話する方が処理や解決がはやい。

7　電話で失敗を防ぐ基本事項3つ

電話でのミスで最も致命的なものの中に、重要な伝言を頼まれたがうっかり伝え忘れてしまったというケースがあります。また、内容を聞き間違えてしまったというケースもあります。物品の注文で、数量や単位を間違えた例もあります。

誰でも依頼された伝言を、忘れたくて忘れているのではありません。電話を受けて伝言を頼まれ、メモしようと思っていたら次の電話が入ったり、また、来客があったりしてすっかり忘れてしまうのです。

以前、特注の製品が多く在庫になっていたので不思議に思い、聞いてみますと、電話注文した際、1個と1箱という単位を間違えたとのことでした。言い間違いか聞き間違いに違いありませんが、結果としてオリジナルの製品が必要以上に作られてしまえば、他へ転用することもできず、処理に困ることになります。オリジナルの製品の注文には、特に注意することが必要です。

電話での重要な話については必ず内容を復唱する、メモをとる、場合によっては書面にしてFAXかEメールで確認を入れることです。この基本的なことを習慣づけていかなければ、必ず大きな失敗を招くことになります。

電話で失敗を防ぐポイントは3つ

POINT 1 伝言を忘れる

原因 電話が済んだ後でメモを取る

▼

対策 **電話を聞きながらメモを取る**
（伝言メモか雑記帳など後に残せるもの）

POINT 2 聞き間違える

原因 重要事項を復唱、確認しない

▼

対策 **重要な事項は必ず復唱し、再確認をする**
（日時、場所、重要事項など）

POINT 3 後日のトラブル

原因 電話では証拠が残らないため

▼

対策 **重要案件は書面化しFAXかEメールを入れる**
（注文内容、金銭、仕様などに関わること）

（伝言メモ）

月　日 AM・PM　時　分

様へ

様から

□電話がありました
□電話ください
（TEL　　　　　）
□伝言あり
□訪問あり

メッセージ

受付

1. 伝言メモは必ず準備をする
（白紙への記入は時間のムダ）

2. 伝言内容は復唱して間違いがないようにする

3. 急ぎ、重要事項は蛍光ペンなどで分かりやすくする

8　おとなの言葉で表現力アップ

ビジネスの場において、ピッタリと思える言葉が多くあります。これらの言葉は敢えて使うようにしなければ、なかなか身についていきません。

地位の高い人には言葉遣いも「なるほど上手い話しぶりだな」と感心させられることが多くあります。ぜひ、みなさんにも良い言葉は盗んででも、身につけるようにしていただきたいものです。

すぐに結論を出せずに会社に帰って検討したいときは、「私の一存では判断しかねますので、社に帰りまして検討させていただきます」と言えば、その場は切り抜けて、じっくり戦略を練り直すことができます。

相手先を訪問したとき、「お待ち申し上げておりました」と言ってもらうと、非常にうれしいものです。新しいビジネスチャンスに結びつくケースでは、必ず使いたいフレーズです。招待をされたときには、「本日はお招きにあずかりまして、誠に有難うございます」、このフレーズがピッタリです。これ以上の言葉はないのではないでしょうか。

物事を断る場合、なかなか言いにくいものですが、少しでも言葉をにごすとその気があるのではと思われますので、必要ないものは必要ないとはっきりと伝えることが大切です。

各シーン別とっさのひと言

お詫びする	申し訳ございません・お詫びの言葉もありません
結論を保留	わたしの一存では何とも申しかねます…
判断を委ねる	わたしでは判断いたしかねますので○○とかわります
物事を断る	社の方針でお断りすることになっています
物事を断る	今回は見送らせてください
物事を断る	いっさいお断りしております
反論をする	お言葉をかえすようですが…
反論をする	わたしの確認(認識)不足かもしれませんが…
結論を先に	結論から先に申し上げますと…
結果を先に	結果を先に申し上げます・結果を先にお伝えします
要約をする	手短に申し上げます
要約を依頼	手短にお願いします
分かりました	承知いたしました・かしこまりました
できません	できかねます・いたしかねます
聞きます	お伺いします・うけたまわります
知っている	存じています・存じ上げております
お願いする	お手数ですがお願いできますでしょうか
個人的頼み	折り入ってお願いがあるのですが…
来てもらう	おいでいただきたいのですがご足労願えないでしょうか
招待をする	お待ちしておりました・お待ち申し上げておりました
招待される	お招きにあずかりまして誠に有難うございます

9　恥をかかない席次マナー

関係先を訪問した場合は、応接室や商談室などに案内され、そこで待たされることになります。そのときに、原則として応接室の長椅子はお客様用、肘掛け椅子は社内用となります。また、入り口から遠い方が上座となると覚えておくとよいでしょう。会議室の席順も、お客様を迎えたときは奥の上座側に一列に座席を設けることになります。和室では床の間がある側が上座となります。

車の場合は運転手の後の席が最上位席となり、つぎに左窓際、続いて中央の席となります。助手席は通常、最下位の席順となります。電車などは進行方向に向かった窓側が最上位、その反対側がつぎの席となり、通路側は下位の席順となります。

一度だけこちらが客としてお伺いしたはずなのに、下座に座らされたことがあります。金融機関でのことです。お金の貸し借りという意味では立場が逆になることもありますが、お客様はお客様のはずです。その店の責任者はそうした応対をされませんから、その担当者の無知と言わざるを得ません。

「お客様の席が逆でしたよ」と注意したい気もしつつ、他社のこと、そのまま帰りましたが、いつもと違い席を立つまで何か妙な座り心地でした。

シーン別の席順

応接室

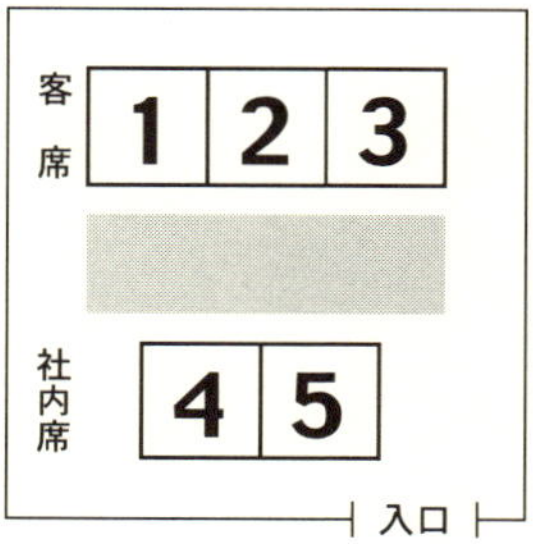

会議室

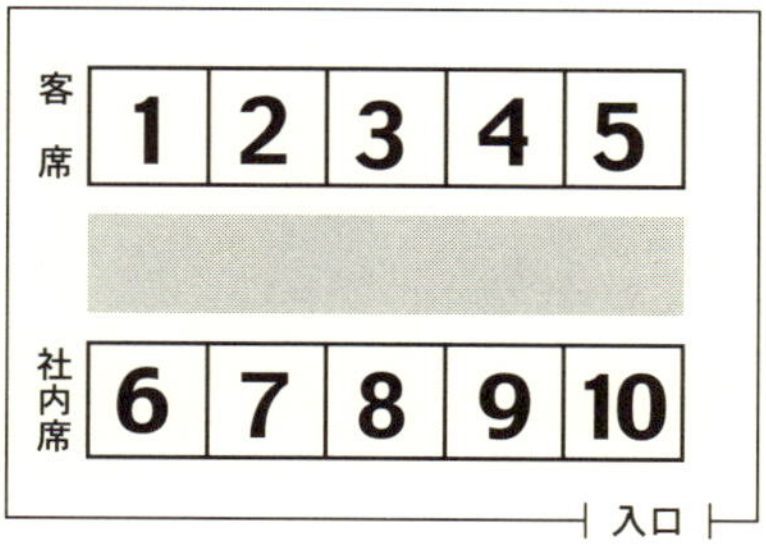

日本間

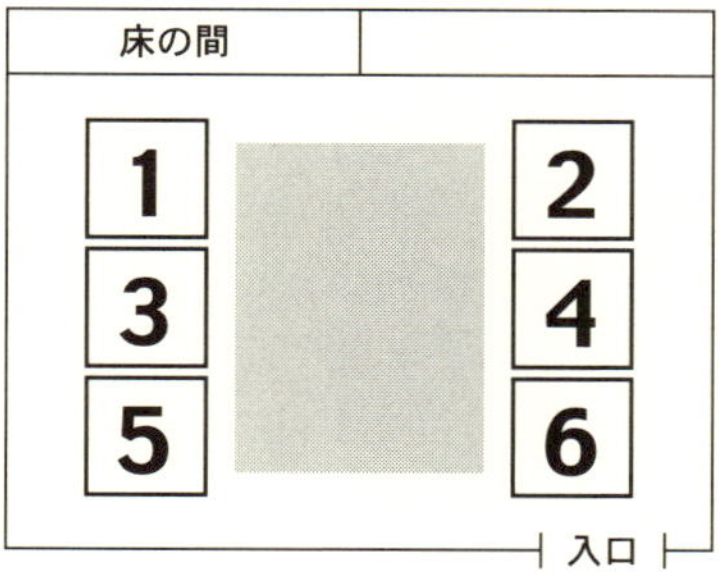

※ 席順は原則として

① 入口から遠い方が上座
　近い方が下座

② 和室は床の間がある方
　が上座

車両

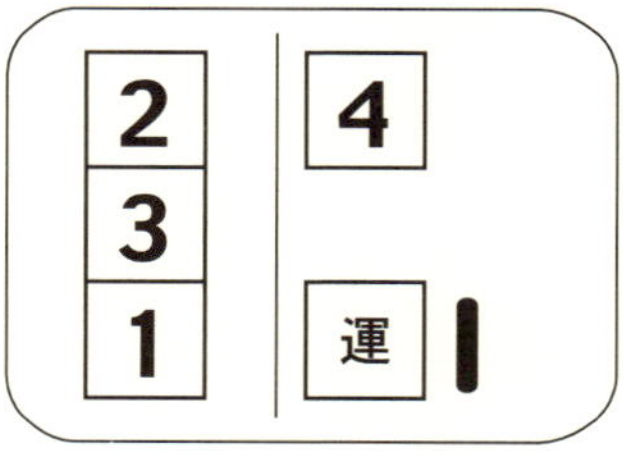

タクシーなどの場合

電車

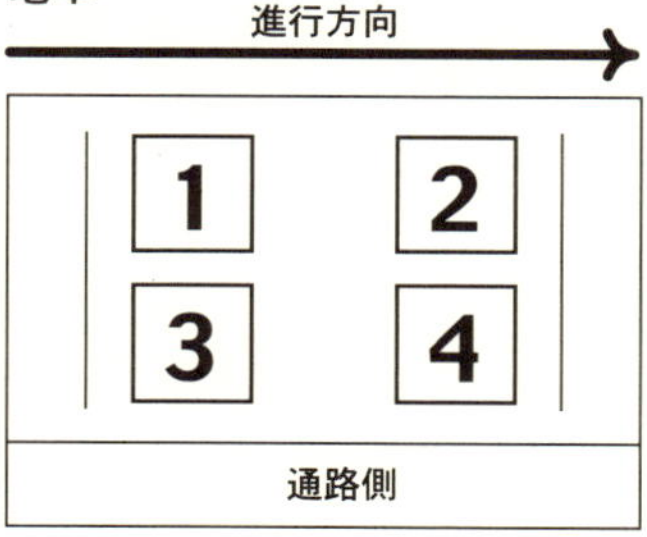

STEP
2

仕事の基本と進め方

1　仕事に必要な優先事項は5つ

仕事を進める上での最優先事項は、「品質・コスト・納期・顧客満足度・環境負荷低減」の5項目があります。以前は品質・コストの追求と納期を確保することでしたが、今は顧客満足度（社内では次工程満足度）を言われるようになりました。さらに地球環境が悪化する中で、環境負荷を抑えることも、ここにきて企業の責務となりました。

品質問題はいっこうにとどまることもなく発生していますが、今や顧客満足度が問われる時代です。人の生命に関わる品質事故や、健康を損なう品質問題は、絶対にあってはならないことです。経営者も社員も、もう少し事の重大性を認識していただきたいものです。

物を生産し社会に貢献するには、いかに良い物を安く作るかですが、以前にある会社を訪問した際、工場に部品の現物とその部品価格（めやすとなる価格）が掲示されていました。部品1個でも捨てたりダメにすると、損失になる金額が分かる仕組みです。物を粗末にする現代人には、必要なことと感じました。

納期ですが、必要な物が必要な時に、必要な場所に着いて初めて生産活動に寄与したり、お客様が使用することができます。納期の確保にも細心の注意が必要です。いくら良い製品でも、納期に間に合わなければ何の価値も得られないことを認識しておきましょう。

仕事を進める基本事項５つ

品　　質	Quality
価　　格	Cost
納　　期	Delivery
顧客満足度	Customer satisfaction
環　　境	Environment

▼

品質

- 品質のたゆまない向上意識を持つ
- 数値、物の変化に気付くなど問題発見能力を持つ
- 問題発生時に的確な判断、処置能力を持つ

価格

- どんな小さな改善も見逃さない原価改善意識を持つ
- どんな小さなムダでも排除する問題意識を持つ
- 常に新しい情報を得るための感受性を持つ

納期

- 必要な物を必要な日時に必要な場所に届ける顧客本位の意識を持つ
- 慢性的な納期遅延品は真の原因をつかみ手を打つ

顧客満足度

- 製品以外のサービスを含めた接客を心がける
- クレームはお客様からの有益情報として対応する
- 次工程の人も顧客として責任ある仕事を行う

環境

- 温暖化対策など環境負荷低減目標を設定し推進
- ゼロ・エミッション（廃棄物ゼロ）の推進
- 有害物質は代替品への移行推進

2　業務計画立案時の重要事項は3つ

日々与えられる仕事だけを消化するようでは、今以上に会社の利益を上げていくことにはなりませんし、自己の成長も多くは望めません。仕事は計画を立て、それを追いかけてこそ実績を残していくことができますし、自己の成長にもつながっていきます。

部下に業務計画書を作成させますと、希望する内容のものがなかなか出てきません。計画の柱となる基本的な考え方が、頭の中に整理されていないからです。業務計画を立てるには、つぎの三つの項目を念頭に置いて進めることが大切です。

一つ目は現状の仕事に手抜かりが起きないように進めることです。先々の実施事項も洩れがないように、計画に織り込んでいきます。特に安全面では普段管理、点検がおろそかになりやすい箇所を洩らさないように挙げておきます。二つ目は現状の問題点を解決することです。一番解決しなければならないものから、何点か挙げ解決していきます。三つ目は原価・業務改善の推進です。この中には経費削減も入りますし、環境改善や品質改善も入ります。環境改善に該当する改善項目には、「環境」のしるしを入れて進めてもよいでしょう。項目を上手くまとめて改善計画を立て進めることです。

業務計画は3本柱で進める

仕事を進める上で重要事項は3つ

1. 現状業務の維持管理

2. 現状の問題点の解決

3. 原価・業務改善の推進

▼

1. 現状業務の維持管理

① 年間で行う業務を把握する

② 作業のやり方を標準化する

③ 安全面は普段管理がおろそかになっている箇所を必ず管理できるよう計画に折り込む

④ 各作業は納期限より早めの実施計画を立てる（初めての仕事は予め作業方法に目処をつけておく）

⑤ 計画の実施は出来るだけ早めにする（えてして思ったより時間がかかることが多い）

2. 現状の問題点の解決

① 業務を進める上で障害になっている事項

② 予算化を行い解決する事項

③ スキルアップのための業務関連知識習得事項

3. 原価・業務改善の推進

① 原価改善（材料費・光熱費・経費の低減、生産性アップ）

② 業務改善（仕事を進めていく上での改善）

③ 環境改善（環境負荷を低減・改善する全ての事項）

3　業務計画推進時の重要事項は4つ

新入社員時代を含め、ある時点からそれなりの仕事を任されることになります。日常業務においてこなす仕事もありますし、1ヵ月、3ヵ月、半年、1年先に行う仕事など、多岐多種にわたります。

まず自分の仕事が年間を通してどのようなものがどれくらいあり、それらをいつまでにしなければならないかを掌握します。仕事が掌握できましたら業務計画としてまとめます。基本的な実施事項がまとまれば、前項に記述した問題点を解決するための計画、および改善事項の計画を織り込みます。計画目標はできるだけ具体的な数値で明確にしておくことも重要です。

計画書ができましたら、各実施項目を日程通りに進めていきます。突発的な仕事も出てきますから、各計画の実施事項は、計画した当初の日程より早め早めに進めることが大切です。初めての仕事はその処理方法を事前検討し、予め目処をつけておくことも必要です。

実施したら、当初の目標通りの成果や実績が出たかの確認を行います。成果実績が目標を下回った場合は、その原因を調べ挽回策を検討して、計画書の修正およびその処置も行います。

以上の4項目を確実に回すことは、どんな仕事においても重要です。本来の仕事の目的を達成していくためには、必ず仕事の基本であるマネジメントサイクルに忠実に従うことです。

仕事は長期的に見て管理

計画推進はマネジメントサイクルを回す

計画

計画書には4事項織り込む

- 全業務掌握その実施事項
- 現状問題点の解決事項
- 原価・業務改善事項
- 環境改善事項

▼

実施

計画書通りに実施する

- 早めに処理（見込み違いもあるため）
- 困難な仕事は目処をつけておく

▼

確認

計画書に対し
実施した結果を確認する

▼

修正

確認結果、未達成事項は
計画書を見直し修正をかける

参考：マネジメントサイクル

Plan（計画）→Do（実施）→Check（確認）→Action（修正）
このサイクルを回すことである。

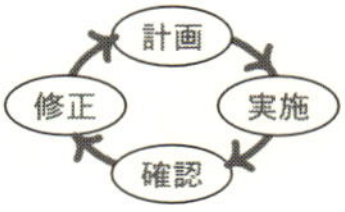

4　仕事の規範は「報・連・相」

仕事を部下と進めていく中、「ホウ・レン・ソウ」がずいぶんと足りないと思うことが多くありました。これは報告・連絡・相談のことで、今ではどこの会社においても仕事の規範となっています。

この「ホウ・レン・ソウ」の経営学を唱えられたのは、山種証券社長の山崎富治氏で、「報告・連絡・相談」の三位一体こそが会社の原動力と位置付けられ、社員に実際にホウレン草を配られ、浸透をはかられたとのことです。

組織の中で仕事を進めていくためには、この「ホウ・レン・ソウ」が不可欠であり、そのことが人としての信用、信頼を得ていくことになり、ひいてはその会社の信用、信頼をも築いていくことに外なりません。

この「ホウ・レン・ソウ」が足りなかったばかりに会社の信用を失い、会社そのものが存亡の危機に立たされたり、倒産に追い込まれた企業は枚挙にいとまがありません。

良いことは報告しやすいものですが、「悪い報告」はなかなか打ち明けにくいものの遅れるといっそうしづらくもなります。それを隠すようなことでもあれば、人間性まで疑われることになるでしょう。十分心得て行動をすることです。

行動の基本は報告・連絡・相談

報告

● 実施報告・事故報告

- 指示命令に対して中間報告、終了報告
- 問題発生時の報告（品質事故や業務上の事故）

連絡

● 社内連絡・外部連絡

- 他部署からの連絡事項、上司からの連絡事項
- 得意先・関係先、外部からの連絡事項

相談

● 問題解決・意見を聞く

- 問題解決やその処理のための相談
- 仕事の方向性を示すために意見を聞く

□ 信用・信頼される人間になれる
□ 会社の組織がうまく回転する
□ 外部から信用・信頼が得られる

※こんな連絡も助かる

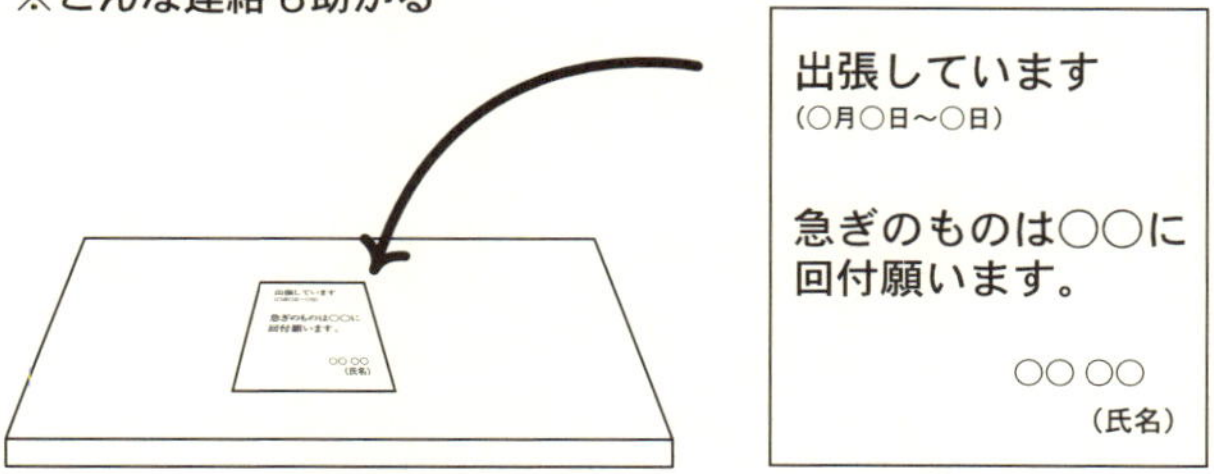
出張しています
（○月○日～○日）
急ぎのものは○○に
回付願います。
○○ ○○
（氏名）

「ホウ・レン・ソウ」の経営学　山種証券社長　山崎富治氏

5 「実施報告」と「事故報告」

上司が仕事の指示を出す場合、通常は仕事の目的、方法、仕事を終えなければならない期日など、具体的に命令をします。その内容をメモに取り、不明な点があればその場ですぐ確認を終えることです。

その仕事の目的をよく理解しないで進めますと、気持ちを入れられないため仕事がはかどりません。また、指示された内容と方向性がずれてくることもあります。仕事は必ず目的を含め、その内容を十分理解した上で進めることです。

日数のかかるものは中途中途に進捗状況を報告し、指示された仕事が終われば必ず終了報告が必要です。終了報告ができて初めて仕事が完了したことになります。

また、報告には実施報告だけでなく事故報告があります。誤って品質事故を起こしたとか、会社の機械、設備を破損させたとか、交通事故を起こしてしまったなどです。こうした場合は上司にすぐ打ち上げし、適切な指示をあおぎます。自分で処理できると思っても経験不足の場合は重要な事項を見落とすこともありますから、まず、上司に報告を入れ了解のもとに処理を進めることです。ケースによっては再発防止策の報告書が必要です。

実施報告と事故報告

実施報告

指示命令　仕事の指示（目的、方法、期日..etc.）

内容確認　重要事項は復唱し内容を確認

▼

① 中途報告 ……… 日数を要すものは中途中途に報告

② 終了報告 ……… 仕事が終われば必ず終了報告

事故報告

① 事実確認 ……… 事故の発生状況を正確に把握

② 上司一報 ……… 発生状況を把握したら上司に一報

③ 指示仰ぐ ……… 上司に処置内容の指示を仰ぐ

④ 暫定処置 ……… 不具合解消のための処置を行う

⑤ 再発防止 ……… 再発防止策を検討しまとめる

⑥ 上司報告 ……… 再発防止報告書を作成し上司に報告

❗注意　事故は冷静に状況把握をし誤認をしないこと。自分の手に負えない場合はすぐに応援を求めること。

6　事故例にみる暫定処置と再発防止策

ミスを一度もしたことがないという人は、まずいません。ミスをすれば、類似するものも含め、同じミスを二度としないように自分なりに手を打っていくことです。不幸にして見直しが必要な重大ミスを起こした場合は、すぐにその処置を行わなければなりません。問題は何なのか、その問題が影響している範囲はどこまでか、見直しの範囲を見誤らないようにフォローをしなければ、場合によっては大事故につながりかねません。

品質保証部に配属されていたとき、不具合対策書の対策欄に、「作業者に二度と同じミスをしないように注意をした」というような内容のものがありましたが、これは一番ダメな例です。何ら物理的な手が打たれておらず、また同じミスをする可能性が大きいからです。

品番が類似していて間違えて出庫したという場合は、部品庫の品番の類似部分の文字に蛍光ペンで識別の色を入れる、さらに、誤出庫がいつ発生したという内容の「赤ラベル」でも貼れば、ただ注意したというよりはるかに有効な対策になります。

再発防止策で最も必要なことは、ミスをしない施策、仮にミスをしてもすぐに分かる仕組みが必要です。現場、事務部門を問わずミスに対してただ謝ったり、注意するだけでなく、物理的な手を打つことが必要です。

品質事故の暫定処置、再発防止対策

品質事故の処置事例

暫定処置

① 問題の箇所、問題の対象物を調べる

② その問題が及んでいる範囲を調べる

③ 暫定処置(見直し)方法を検討する

④ 暫定処置に必要な物品機材を準備する

⑤ 暫定処置に必要な人員を集める

⑥ 対象物品の見直しを行う
（完成品・部品・仕掛品・外注支給品・不良品など）

⑦ 見直し品は筆記物などで識別を行う
（マーキングの位置とインキ使用時は乾きに注意）

再発防止策

① 問題の真原因をつかむ

表面的原因		真原因
・仕事が忙しい		・仕事が集中している
・読み誤った	▶	・類似している（色、文字）
・ボタンを押し間違えた		・機器の表示に問題がある

② 問題を再発させないための方法を検討し対策を行う
（物理的な対策方法で考える）

③ 同じ問題を起こしてもそのミスがすぐに分かる仕組みを検討し作る

7　問題は見える形にし糸口発見

仕事を進めていきますとさまざまな問題が出てきます。慣れないうちはその問題の全体像や結果だけを捉えていることが多く、それでは解決の糸口はまず見つかりません。

例えばある部品が納期支障の対象になることが多い場合、その部品の納期の進捗を担当している部門より、他に問題が起因している場合が多いのです。生産手順、生産必要日数などを考慮しないで注文している場合などです。本質を捉えて手を打たなければ、いっこうに問題は解消されません。

検査部門を担当していたとき担当者が、新規立ち上がりで不具合品の項目が多岐多種にわたり、処理が手に負えないと言ってきたことがありました。そこで部下に不具合品を責任部署ごとに、また、責任部署が分からないものは別に分けるように指示しました。部署ごとに分けさせて見ると、担当者の手に負えないものはごく一部でしかありませんでした。

品質不具合品を解析するのに、顕微鏡でその不具合部分を拡大して解析調査をすることがあります。同じ箇所に印刷文字の欠けがあるので、てっきり印刷不良と思っていたものが、拡大して見ると品物のキズだったということもあります。問題の本質を捉えるには、具体的に細かいところまで物や物事が見える形にすることです。

問題は見える形にして糸口発見

何が問題なのかを具体化・細分化してみる

品質問題

【処理手順】
不良発生 → 原因調査 → 対策案検討 → 対策案実施 → 対策効果確認

【ポイント】
① 図面・現場・現物を必ず確認する
② 不具合品は差異が出るよう層別する
③ QC七つ道具で解析する
④ 不具合箇所は拡大してみる手法も有効
⑤ 対策案実施したら効果を確認する

納期問題

【問題部品】
① 在庫管理が悪い
② 生産必要日数・輸送日数が考慮されていない
③ 発注システムに問題がある

【対　策】
① 一定在庫を切れば発注がかかる仕組みに見直す
② 生産日数の長い部品は特別に管理
③ 発注システムの見直し

コスト問題

【コスト改善】
① 設計仕様変更の検討（最適仕様の見直し）
② 最適コストでの調達か見直し
③ 材料取り、生産工法、作業方法は最適か見直し
④ 部品・製品の保管管理から梱包、物流まで最適か見直し

※ 問題解析・対策手順（参考）

課題選定 ▶ 原因調査 ▶ 対策案検討 ▶ 対策案実施 ▶ 効果確認

【ＱＣの七つ道具】（間接部門の問題解決にも使える）

パレート図、特性要因図、チェックシート、ヒストグラム、散布図、管理図・グラフ、層別（全ての考え方の基礎）

8　作業指示を的確に出すポイント3つ

自分が担当している仕事を、何かの都合で他の人に引き継ぐことがあります。また、後輩に仕事を教えたり、何か問題が発生し、それについて関係先の人に見直しなどを依頼することもあります。

品質保証部に籍を置いていたときに、こんな経験をしました。日数と人員を必要とする品質問題の見直しであったため、1日目にはAグループ、2日目にはBグループという、一日交代での見直し作業となりました。ところがAグループからBグループに変わった時点で、指示通りの作業がされていないのです。きちんとした指示伝達がなされていなかったようでした。まさに伝言ゲームです。さいわい早く気付いたので大事には至りませんでした。

どんな作業にもいえることなのですが、作業にはその目的と手順、ポイントがあります。それらをキチンと手順書などの書類にして指示し、指示した通り作業が行われているか確認し終えて、初めて適切な作業指示をしたことになります。

口頭のみの指示はできるだけ避け、簡単なメモ書きでもよいので書面にし、指示をすることです。国政選挙などでよく投票用紙を間違えて渡したとか、不在者投票した用紙を金庫などに保管し、出し忘れていたなど、言語道断ですが物事の「基本」を忘れているのです。

作業指示と作業手順書の作成

POINT 1 作業の目的

① なぜこの作業をしなければならないか、
その目的を明確にする

② 品質上の問題ならどういう支障内容か、
その問題点を明確にする

POINT 2 作業の手順

① 作業手順書の作成

・手順を箇条書きにする
・必要ならデジカメや図解を使い、ビジュアル的に
分かりやすく表現する
・作業後の確認事項を入れる

② 作業サンプル、ひながたも必要に応じ作成する

POINT 3 作業のポイントと注意事項

① 正確に、速く、きれいに行うためのポイントを
記入

② 品質問題を起こさないための注意事項を記入

③ 過去に類似関係する問題点があれば追記する

作業ポイントは作業手順書の中に含めて作成してもよい

9　会議のルールとそのポイント

会議の主催部署になりましたら、大きく分けて次の三つのことが求められます。一つ目は会議の準備です。会議の規模や内容により準備内容も大きく違ってきますが、何はさておき会場を押さえることが先決です。あるスペースを確保するには、早めに予約をしておくことです。会場が確保できましたら、その他の必要品もリストで確認し、もれなく準備を進めていきます。あとは開催案内と、それに必要な資料を配ります。

二つ目は会議の進行ですが、会議次第（議題など）を配付するかボードなどに記入し、それに従って進めることです。また、ある議題を検討する場合、各意見を書き出してみることです。それぞれの意見の長所、短所を書き出し比較しますと、出席者の人に分かりやすく、早く結論を導きだすことができます。会議の終了に当たっては、必ず決定事項を確認し、議事録に残すことです。

最後は会議の事後処理です。議事録はその場で電子黒板などに残っているものをコピーして配付するのが一番望ましいのですが、それができない場合もあります。当日配付できない場合には、その日のうちに議事録をまとめて翌朝には配付することです。また、会議での決定事項で該当するものがあれば、特別に管理し進めていくことも必要です。

会議を成功させるためのポイント

会議は事前準備・事後の処理が大切

事前

1. 場所確保
- 会議室使用の予約をする（参加者の人数に合わせ場所を選定）
- 季節に応じ事前に空調を入れる

2. 準　備　品
- 電子黒板、ホワイトボード、黒板、VTR、OHP、プロジェクター、パソコン用電源、マーカー、チョークなどの筆記用品、ポインター、飲み物、茶菓子など
- 会場の机、椅子の必要数準備

3. 開催連絡
- 事前に日時、場所、議題、必要資料配付

4. 議題検討
- 参加者は議題を事前検討し出席

会議

1. 会議の目的と予定時間を出席者に周知徹底
2. 議題を配付または書き出して順に進める
3. 意見は集約しボードなどに書き出すと出席者によく分かり、早く結論に導きやすい
4. 決定事項は誰が、いつまでに、何を、どのようにするのか明確にして議事録に残す
5. 会議で決めたことは最後に必ず確認する
6. 次回の予定（日、議題）が決まっていれば連絡

事後

1. 議事録を作成配付
- 特に緊急で重要な箇所には蛍光ペンなどを塗り配付（最長で翌朝）

2. 会場の後片付け

3. 議事録の決定事項のフォロー
- 該当部署・担当者は決定事項をフォローする

10　出張は事前準備で決まる

取引先の会社を訪問する場合は、必ず目的があります。その目的を達成するためには、先方に必要事項を事前に連絡し、調整しておくことが必要です。調整が悪ければ、うまくいくものもいかないことになりかねません。貴重な時間を割いて対応していただく訳ですから、手抜かりがあってはなりません。

ある取引先からこんな電話を受けました。「ぜひお会いしてお願いしたいことがある」と。どのような相談かお聞きしたところ、お会いしてこと細かく説明したいとのことです。それではお会いできない旨お話し、詳細を聞いてみますと、ある部品の歩留まりが悪く、生産対応がスムースでないため仕様の一部変更をお願いしたいとのことです。検討する時間が必要なものであれば当日の話し合いにはなりません。そこで詳細資料を出していただき、別途、関係者同席の上で調整を行いました。

出張には、電車など公共機関を利用するか、会社の車を使用することになりますが、公共機関の場合は乗り継ぎ時間に多少余裕を持たせたり、車なら少し早めに出かけるなど、余裕を持つと、何かあったとき慌てずにすみます。また、出張の際の必要品は、リストを作り忘れ物がないように、前日に準備を済ませておくことです。

必要事項は洩らさず準備

先方との調整事項

① 訪問日時
② 訪問目的
③ 訪問する人員、所属
④ 必要な準備物（資料、サンプルなど）
⑤ その他の依頼事項

出張時の準備品

① 必要資料（調整資料、会社案内、製品PR資料）
② 訪問先の事業状況に関する資料
③ 電車、飛行機の乗車券や搭乗券
④ 名刺（多めに、思った以上に要ることも）
⑤ 筆記用具、電卓
⑥ 携帯電話（1日以上は充電器など）
⑦ 文庫本（電車などで時間を有効に）

交通手段と宿泊先

① 初めての場合は案内図をもらう
② 公共機関乗り継ぎなどは時間の調査
③ 宿泊が伴う場合は宿泊先の予約

11　ポスト・イットでスケジュール管理

「『ポスト・イット』知的生産術」（西村晃著・メディアパル）という本があります。最近読む機会があり、ポスト・イットにもスケジュール管理や備忘録以外にいろいろな使い方があるものだと感心させられました。

私がポスト・イットによる管理を思いついたのは、関連会社に移籍になった当時、本社からの中高年の出向者を受け入れたり、パートタイマーを雇って仕事を教えたりしたときのことです。

中高年の出向者や未経験のパートタイマーの人に新しい仕事を教えるわけですから、油断もスキもあったものではありません。大切な来客の昼食を予約させれば、当日に必ず確認を入れるなど、重要事項については全てチェックが必要なのです。

そこでポスト・イットを左図の要領で手帳に貼って管理し、すべてをきちんと実行することができました。提出書類も官公庁などは上期、下期の提出用紙を一緒に送ってくることがあります。そのような時も手帳の下にポスト・イットにメモ書きし貼っておけば、忘れることなく処理できます。この方法は何といっても、一元管理ができるのが最大のメリットです。

スケジュールは短・中・長期一元管理

手帳・ノートにメモ書きしたポスト・イットを貼り付け

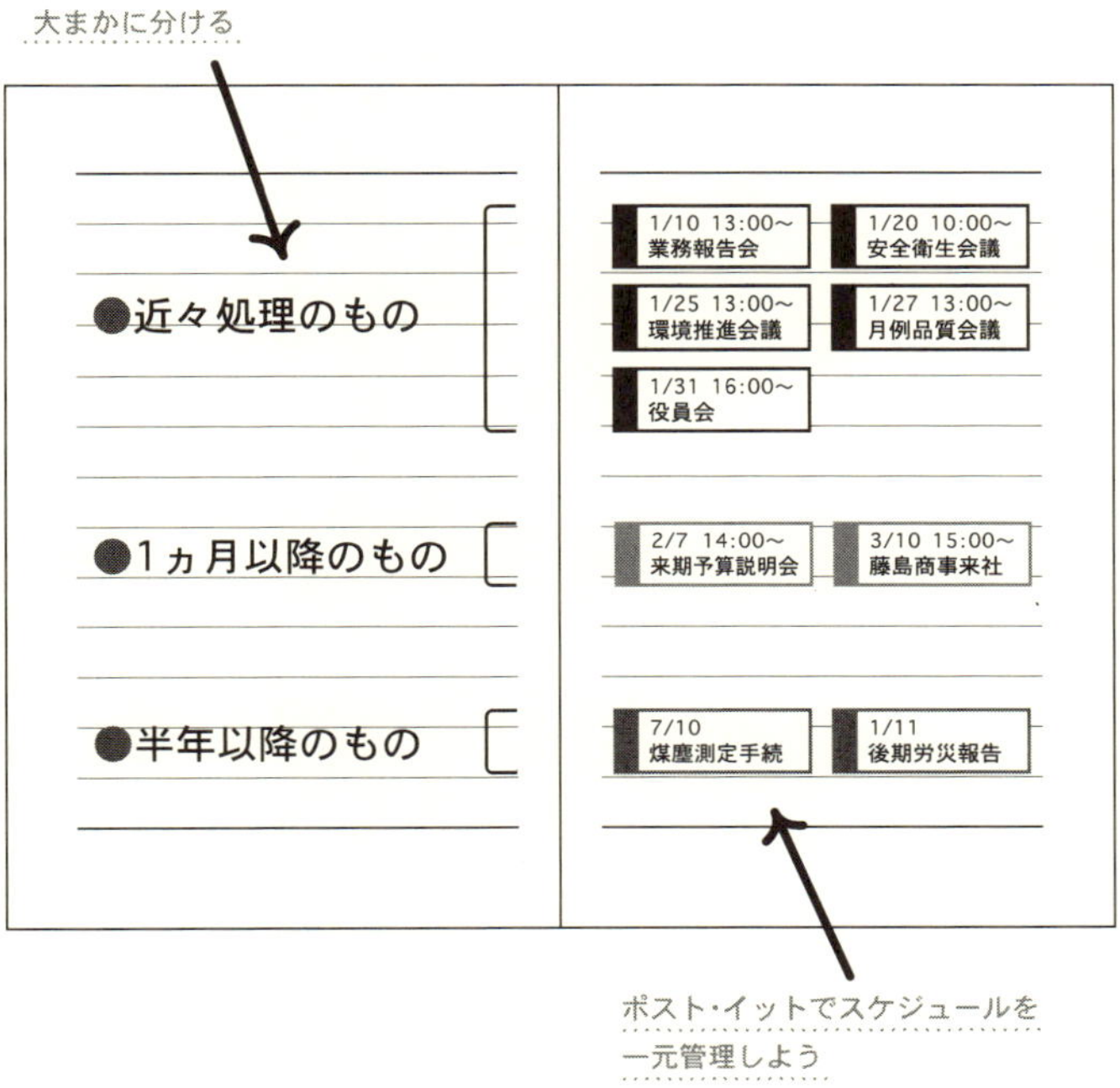

【A5サイズの手帳】

実際にはA5前後のサイズの手帳を利用すれば、一面で多くのスケジュールが管理可能。用済み後はポスト・イットをはがし新しいものを貼っていけるので、更新にも手がかからない。

12　待ち合わせと出かける際の注意事項

待ち合わせの時間に相手が現れませんと、場所と時間に間違いがなかったか、心配になってくるものです。また、イライラさせられます。

そうしたことを何度も経験したため、今では時間設定に幅を持たせるように変更いたしました。例えばそれまでは午後一時ちょうどだったものを、一時から一時十分に会うように、時間に少し余裕を持たせるようにしました。「十分」の幅を設けるだけなのですが、ずいぶんと精神的な負担が少なくてすむものです。プライベートな待ち合わせも、時間にいつも縛られていますから、少し余裕を持たせてみてはいかがでしょうか。

出かけるときに気を付けなければならないことに、忘れ物があります。持って出かけるものは一箇所にまとめて準備しておけばよいのですが、一部揃わないものがありますと、そのままになってよく忘れてしまうものです。

車でしたら計器のアクリルカバーに、手提げカバンなら見えやすい場所にメモ書きして貼っておくなどの方法もあります。

今ではお金を出せば物の輸送に問題がない時代となりましたが、時として間に合わないこともあります。自分なりの防止策を考えて、忘れ物がないようにすることです。

うまい待ち合わせと忘れ物防止策

●待ち合わせ時間に幅を持たせる

従来　午後1時

▼

変更　午後1時～1時10分

10分の幅を持たせることで双方とも精神的に
負担が少なくてすむ

●忘れ物の防止法

① 持って出かけるものは一箇所に集めて
準備を済ませておく

② 備忘録をメモ書きして貼り付け

・カバンに備忘録をメモして貼り付け
・車なら計器のアクリルカバーに備忘録のメモ貼り付け

③ 数が多い場合はリスト作成しチェック

13　物品購入は多面的に事前検討

物品の購入業務をながく担当していますと、本来ならバイヤーとしてプロになるはずなのですが、これが案外難しいものだと思います。もちろんお金に糸目を付けずに、高品質で高価なものを買うのでしたら、いとも簡単なことでしょう。

しかし、ほとんどの場合、機能や性能に満足できて、なおかつ安く物を購入したいと考えるものです。ハードが安くてもソフトが高かったり、消耗品を考えると割高になるようでしたら、結果的には高くつくことにもなりかねません。また、良かれと思って買っても、実際に使ってみたら思ったより性能や機能が不足していたこともありました。これらも、事前の検討不足や、必要事項の確認不足ということがほとんどであったように思います。

物品を購入する際は、他にも設置場所にキチンと入るか、出入り口は通るか、また、設置したときの騒音や振動、強度の面などの安全上の問題はないか、細部にわたり検討しておかなければ問題も出てきます。特に高価なものは、十分に事前検討して買ってからの後悔をしないようにしたいものです。また、必要以上に機能、性能を落として買うと耐久性の面でも心配です。「安物買いの銭失い」とならないようにしたいものです。

物品購入時の検討事項10

① 機能・性能面は要求を満たしているか
機能、性能、外観、強度など

② 色調は良いか

③ 指定納期までに納品可能か
金型や設備など日数を要するものは日程表をもらう

④ 付帯条件を明確にしたか（据付ほか）

⑤ 製品の価格は予定価格内か、他社比較は

⑥ ランニングコストを検討したか
消耗品などの費用の比較など

⑦ サイズに問題ないか（搬入口、据付）

⑧ 据付場所は多面的に検討したか
位置、強度・放熱など安全性、騒音振動、配管、配線、電気負荷

⑨ 保証に問題ないか

⑩ アフターサービスに問題ないか

14　環境改善は企業の社会的責務

地球の環境破壊は深刻であり、もうすでに手遅れと言われるほど、かけがいのない地球は汚染の一途をたどっております。なかでも地球温暖化は、地球上に住む人類をはじめ動植物に大きな影響を及ぼす、重大な問題となっています。

最近の予測では、２１００年には地球全体で平均気温が最大で５、８℃上昇し、それに伴い海面が最大で８８ｃｍ上昇すると言われています。（ＩＰＣＣ第三次報告書）

今までは企業が環境マネジメント規格の認証を受けたのは、企業のイメージアップという側面もありましたが、今では取引条件のひとつにもなってきています。

環境改善は特別なことではなく、個人でも会社でも進めることができます。温暖化を防止するためには、まず、化石燃料の使用を抑えることです。車はアイドリングストップ、タイヤのエアー圧を適正に管理、不要な荷物は積み込まない、オフィスの冷暖房も適正温度に調整をこまめに行う、待機電力は使用しないなど、全員で取り組むことです。

職場ではどういった環境対策が実施できるか、検討して進めていくことが必要です。環境対策は経費節減にもなることですから、積極的に展開していただき、かけがえのない地球環境を改善できるように取り組んで欲しいものです。

地球環境の現状と企業の役割

● 地球環境の現状

○ 地球温暖化（二酸化炭素排出が主な原因）
○ エネルギー資源枯渇・石油の可採年数43年
Oil＆Gasjournal 1998年1月
○ 酸性雨
○ オゾン層の破壊
○ 砂漠化
○ 生物多様性の減少

● 企業の役割・責務

○ 環境負荷低減のための継続的な活動
・省資源、省エネルギーの推進
・廃棄物の適正処理
・廃棄物の減量化
・リサイクルの推進
・騒音・振動など抑制
・エコ商品の購入

● 環境問題の知識

○ **ISO14001**：環境マネジメントシステム
環境方針、計画、実施及び運用、点検及び是正処置。経営者による見直しなど継続的改善の要求事項がある。

○ 京都議定書
1997年12月京都で開催された気候変動枠組み条約（地球温暖化防止条約）第3回締約国会議（COP3）で採択された議定書。CO_2など各国の削減目標が割り当てられ2005年2月16日に発効となった。

15　大きな目標にチャレンジ

通常の改善提案活動は、既成のものについて改善するという域にとどまることが多いものですが、さらに一歩進めて、もっと大きなテーマで取り組むことが社会人、企業人として望まれます。

テーマは職場により違ってくると思いますが、たとえば、廃棄物やゴミの量を現在の排出量の７０％を削減するとか、経費を半減するとか、売上を３０％アップするといった大きな目標を立て取り組んでいくことです。

会社でも個人でも、短期、長期の目標がなければ、日々決められた仕事や生活を送るだけになってしまい、何ら生きがいや働きがいを感じることはできないでしょう。目的を持って生きている人は、ハツラツとしていて目の輝きも違います。仕事だけでなく、人生目標も短期、長期の目標を見つけてチャレンジしていくことです。人生は輝いてこそ、意義があるのではないでしょうか。

それには自分に合ったテーマをまず捜すことです。目標に到達するために、必要な情報を集めたり、勉強したりしますので、将来のためにも役立つことになります。自分に合ったテーマを捜し、チャレンジし、自分の歩んだ足跡をぜひ残していきたいものです。

大きな目標にチャレンジ

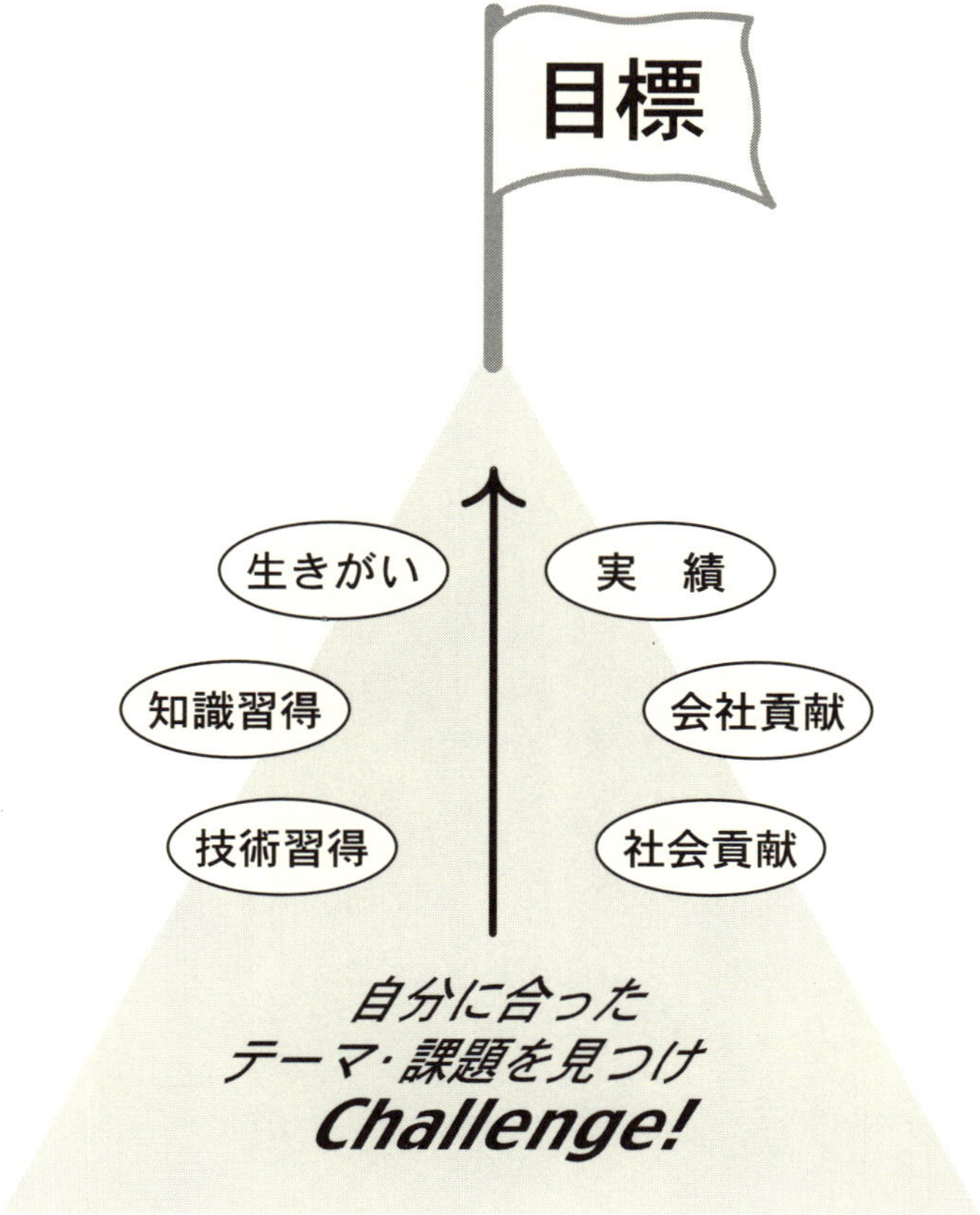

16　自社と仕事の流れをもっと知ろう

自社のことは知っているようで案外知らないことも多く、突然質問をされますと戸惑うことがあります。役員構成や、生産品目、サービス内容など、ある程度のことを知っておかなければ、外部の人から聞かれたときに答えられないことになります。また、自分の仕事がどのようなルートで自分のところまでくるかなども知っておくようにすれば、今以上に充実した仕事ができるようになると思います。

自部門だけ精通していれば良いなどと考えている人がいましたら、まさに「井の中の蛙大海を知らず」で、本来の仕事もできませんし、自己の成長も見込めません。

まず、自分の仕事は組織のどの歯車に該当するのか、つまり全体の流れの中で、どの部分を担当しているのかを、よく知っておくことです。自分の仕事の流れを知っておきますと、全体の納期や仕事のポイントを知ることにもなりますので、ミスを抑えることもできます。

普段からのチョッとした心構えといえますが、間接部門の人も会社の設備や生産ラインなどを自分の目で確かめておくようにすることです。特に関係した現場は見るようにすれば必ず役に立ちますので、できるだけ現場に出向くようにしたいものです。

時間を見て調べてみよう

自社をもっと知ろう

- 役員、役員構成
- 事業部・部門
- 主要関連企業・主要得意先
- 生産製品・扱い商品
- 工場、営業所・支店
- 主要設備
- 品質方針と目標
- 環境方針と目標
- 社訓、社是、理念
- 自社のセールスポイント

仕事の流れをつかもう

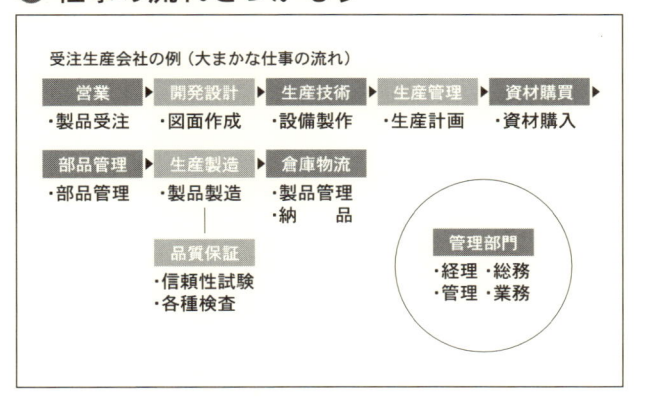

受注生産会社の例（大まかな仕事の流れ）

営業 ▶ **開発設計** ▶ **生産技術** ▶ **生産管理** ▶ **資材購買** ▶

- 営業：・製品受注
- 開発設計：・図面作成
- 生産技術：・設備製作
- 生産管理：・生産計画
- 資材購買：・資材購入

部品管理 ▶ **生産製造** ▶ **倉庫物流**

- 部品管理：・部品管理
- 生産製造：・製品製造
  - **品質保証**：・信頼性試験 ・各種検査
- 倉庫物流：・製品管理 ・納　品

管理部門

・経理 ・総務
・管理 ・業務

STEP
3

事務作業のポイント

1. 軽快で効率的な職場づくり
2. 書類のファイル・保管・廃棄
3. 事務作業は１秒もムダにしない
4. 書類・送品物の発送知識
5. 用紙・封筒サイズ、郵便物の知識
6. 事務作業の上手な受け方、引き継ぎ方
7. パソコン・デジカメで事務作業効率アップ
8. ＦＡＸ送信・受信時の注意事項
9. パソコンデータ・重要書類の管理
10. 印章（はんこ）の基礎知識
11. 不正を防ぐ押印知識

1　軽快で効率的な職場づくり

どこでも同じことがいえますが、整理整頓の悪い職場は非常にムダが多いものです。収納する場所が明確でないために、収納する物品の表示も悪く、物を捜すことが多くなります。そうした職場では物を直に床に置いてたり、通路に置いたりしているため、それらにつまずくなど危険な状態にもなっています。

事務は忙しい思いをする割りには、はかどらないものです。できるかぎり「ムダな動きをしない」、職場環境にしなければなりません。大きくは職場の机、備品などが出入りしやすく動きやすいレイアウトになっているか、使用頻度の多いファイルは取り扱いやすい場所と高さに管理されているか、表示は見やすいかなどです。よく使う帳票類にも同じことがいえます。専用伝票などは一度に何十冊か注文しますから、小出し用と残りのものを保管する場所を、うまく分けて管理しなければなりません。

事務を効率的にするには、まず動きやすいように全体のレイアウトを見直す、必要な物品を使用しやすいように保管管理の見直しをする。それらができて初めて「整理整頓」もできます。整理整頓ができれば「清潔清掃」ができることにもなります。6Sは掛け声だけでなく、日々少しずつでも継続して実行することが大切です。

効率的で快適な職場づくり

● 軽快な職場作りのための見直し事項

① 動きやすい机や書庫などのレイアウトにする
② 帳票類やファイルを取り出しやすく配置する
③ 書類やファイルの置き場所や収納場所が決められていて、見えやすい表示にする
④ 机、書庫などの設置物は目線が通って見た目が良く清掃もしやすくする
⑤ 病院など非常時の連絡先や緊急連絡網など必要な掲示類が見えやすいよう表示管理する

● 快適な職場作りの実施事項

整　理	●不要な物はすぐに処分し整理する
整　頓	●物が散らかったら、すぐ片付ける
清　潔	●書庫、棚などにホコリや汚れがない
清　掃	●日々定期に清掃を行う▶点検表でチェック
習　慣	●上記4Sは時間、時期を決め計画的に行う
躾	●全員参加で上記5Sを進める

【 6S 】　整理・整頓・清潔・清掃・習慣・躾

2　書類のファイル・保管・廃棄

実際問題として、書類の管理には誰もが手を焼き、処理するために相当な時間を費やしているのが現状だと思われます。必要な書類が見つからずに、長時間にわたり捜すことも多くあります。本当に書類の管理には頭の痛いものがあります。

作成する書類や外部、他部署からの書類をすべて保管管理していたのでは、いくら人手と時間があっても足りません。しかし管理が悪いと、いざ必要になったときには、その書類が見つかるまで探すことになります。

書類の中でも一過性のものがあります。例えば来客案内とか、各行事や催しなどの連絡書などです。一時的に残しておく必要があれば、ダンボール箱などに用済み後も一定期間保管しておいて、不要になったら別途廃棄する方法もあります。

書類の保管管理の方法として、ファイルや箱に検索しやすいタイトルを付けることは言うまでもないことです。他部署の方法を参考にするなどして、管理しやすいものにしていくことです。また、書類は溜まる一方ですから、廃棄も適宜行う必要があります。これらはやりやすい日程で計画を立て、処分するのがよいと思います。ただし、書類の処分は社内規定に従い、社内規定がない場合は、法で決められた内容で保存、処分することです。

書類のファイルから廃棄まで

● 書類はABC 3ランクで処理

A ランク	・自部署発行書類 ・外部からの書類 ・標準類・規定類
B ランク	・他部署に原紙はあるが後々必要な書類
C ランク	・用済み後即廃棄する、または、ダンボール箱に一時的に保管し後日廃棄

● ファイリングの方法と管理

① ファイル …… 見出しのスペースを広く取れるもの

② 見出し ……… 視認性のよいゴジック体で読みやすいサイズとする

③ 識別 ………… ファイルには必ず識別を入れる（番号、カラー色など）

④ 分類 ………… 大・中・小分類、種類別・用途別など

⑤ 保管 ………… 個人のプライバシーに関する書類・重要書類はカギ付き保管庫で管理

⑥ 廃棄 ………… 法的保存期間を有するもの、社内規定があるものはそれに従い廃棄する

書類の管理規定があればその規定に従い表示、保管管理、廃棄する

参考： 時間をかけて作った資料（イベントや式典、祝賀行事）と冠婚葬祭などで処理した内容は記録保管しておくと、先々で参考になる。

3　事務作業は1秒もムダにしない

購買部に所属していたときのことですが、緊急注文にはよく泣かされたものです。現場（事務所含む）から緊急の注文が入りますと急ぐ仕事も中断し、その処理に対応しなければ工場の生産が止まったり、事務作業ができなくなったりするからです。

一定の在庫がなくなれば、キチンと注文がかかる仕組みにしていないから起こることです。購買担当者も受注側の業者も、通常ならしなくてもよい電話や輸送手段をとりますから、ムダな経費を使うことにもなります。こうしたムダなことはぜひなくさなければなりません。

ムダな時間を費やす事例は、他にもいくらでもあります。書類や伝票を荷物の中に一緒に入れて発送するケースですが、箱上の表示場所が不適切であったり文字が小さかったり薄く見えにくい場合などは、捜すのにたいへん時間がかかってしまいます。

また、小さな書類や小さい部品を混載で送られる場合も、あまり包装袋が小さ過ぎると、緩衝材の中に紛れ込んでしまい、ずいぶん捜したこともあります。

いずれの場合も、問題が起きて問い合わせの電話がありますと、そのことが解決するまで自分も付き合うことになります。緊急注文の物が入らなければ、自分の仕事ができないことにもなります。相手の立場にも立った、ムダのない仕事をしたいものです。

事務作業の阻害要因排除

あなたはこんなムダなことしていませんか！

書類不備
伝票不備
緊急処理
▶ ムダな時間使用 ▶ ムダな経費使用

①在庫切れで緊急注文

【見直し事項】一定在庫を切れば注文する仕組みを作る

②注文する品番、名称が不正確

【見直し事項】注文する品番品名リストを整備作成する

③注文の単位が不明瞭

【見直し事項】単位は洩らさず正確に記入する

④仕様書に記載ミス

【見直し事項】作業後の確認を必ず実施する

⑤至急・特急の納期限

【見直し事項】本当に必要な日時が分からないため、必要期日を必ず記入する

⑥急ぎの伝票・書類を通常ルートで流す

【見直し事項】急ぎの書類や伝票は、関係部署、関係者に持って回る

⑦緊急荷物書類が希望日時に到着しない

【見直し事項】運送業者に配達日時を確認して発送する。(郵便物も同じ)

⑧伝票、書類などを混載したものが行方不明(部品庫直行)

【見直し事項】混載した旨の表示を箱に明確にする

⑨小さい書類、小部品袋が緩衝材に紛れる

【見直し事項】袋が小さすぎ緩衝材に紛れ込むため、袋のサイズを考えて包装

⑩会議日程場所変更

【見直し事項】場所先約や出席者の都合を確認して決める

4　書類・送品物の発送知識

欧米と比較して、日本のホワイトカラーは生産性が低いとよく言われます。郵便物や荷物を受け取る部署を担当したことがありますが、やはり日本人はいい加減なところがあり、そのためにずいぶんと手を取られムダな時間を費やしたものです。

宛名が社名のみとなっている場合は困りものです。担当者などはよく変わるので、名前までは記入できないとしましても、部署ぐらいは記入していなければ、どこ宛の荷物や郵便物かまったく見当がつかず、発送元に問い合わせることがしばしばありました。

急ぎの物品を宅配便で送る場合は、希望日時に配達されるか必ず確認することです。絶対に納期を遅らせられないものは、輸送に必要な日数を正確に把握した上で、どう対処するかを考えることも必要です。「だいじょうぶだろう」と思っていたではすまされません。また、航空便も天候により飛行機が飛ばないこともあります。急ぎの物品は必ず配達日時や、輸送方法などそれらの手順をよく検討してから発送することです。

まれではありますが、届いた品物にキズが付いていて、使い物にならなかったケースもありました。物を送る際はそれなりの梱包が必要です。いずれの場合も不備があれば、双方で手を煩わせることになりますから注意が必要です。

送品物は適正に処理して送る

● 郵便物・送品物の重要事項3

1 必要日時に着ける

2 必要な部署・人に届く

3 損傷しない荷姿・梱包

● 郵送・送品のポイント

1 急ぎの物品を必要日時に着ける

何時までに発送、投函したら何日の何時頃に着くか確認した上で送る

【注意事項】 運送業者の場合はトラックターミナル、営業所と送品先との距離で配達時間に違いがでるため、必ず業者に確認し送品する。送り状の控えは必ずFAX。

2 必要な部署・人に届くには

ビルは何階か、受け取る部署名、受取人の名前を明記

【注意事項】 会社の規模に関わらず上記３項目は必ず記入。不備は先方に失礼である上、迷子になり必要日時に先方に届かない。

3 損傷しない荷姿・梱包

郵送・送品中に内容物が損傷しないように、送品物に見合った梱包

【注意事項】 中身が露出するケース、外圧で破損・損傷、割れなど発生。壊れものには注意ラベルの貼り付けも必要。

5　用紙・封筒サイズ、郵便物の知識

会社では通常はＡ４サイズの用紙を主に使用します。各報告書や通知書、依頼書など、ほとんどの一般文書に使います。計画書などになりますと、Ａ４サイズでは入りきらないのでＡ３サイズを使用することもあります。これらのサイズの呼び方は、全紙から長手方向に半分半分にしていった場合に版数が１ずつ増えていきます。全紙の１／２が版数１でＡ判ならＡ１となり、更に半分にしますとＡ２となります。

封筒は主に長３（このサイズは通常郵便物の定型郵便物としての最大のサイズ）とＡ４の入るサイズの角２の封筒を使うことが多いと思います。一般的によく使うサイズを表にしておきますので、参考にしていただきたいと思います。

通常郵便物の定型郵便物の封書ですが、重量が５０グラム以下でも厚みが１センチを超えますと、定形外郵便物になりますので注意が必要です。

郵便料金不足も多くあります。１グラムぐらい分からないだろうと規定重量をオーバーしたものを出しても、郵便局では日々郵便物を取り扱っていますから、すぐに分かります。料金不足で返送されたり、運良く相手に届いても、料金不足を相手に支払わせるという、失礼なことになります。必要な精度のはかりを準備して、きちんと計量することです。

紙・封筒サイズ、郵便物の知識

● 紙加工仕上げ寸法

（単位 mm）

	A列	B列
3	297 x 420	364 x 515
4	210 x 297	257 x 364
5	148 x 210	182 x 257
6	105 x 148	128 x 182

全紙からの紙の取り方

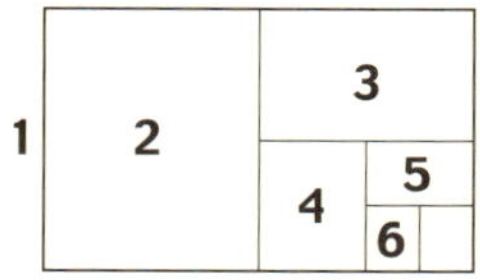

① 紙の長手方向を半分にしていき全紙の二分の一がＡ列なら A1と呼び半裁するごとにA2、A3となる。

② A判はドイツの紙寸法を採用したもの、B判は江戸時代に公用紙として使われた美農紙サイズの美濃判に由来する。

● 封筒の寸法

呼び名	寸法（mm）	適合内容物	定型・定形外区分
長形 3 号	120 x 235	A4横三つ折り用	定型郵便物用
長形 4 号	90 x 205	B5横四つ折り用	
角形 2 号	240 x 332	A4サイズ用	定形外郵便物用
角形 3 号	216 x 277	B5サイズ用	

● 通常郵便物

【 第一種定型郵便物（封筒）】

厚みが1cm以下で重さが50g以下のものが対象。50g以下でも厚みが1cmを超えると定型外となる

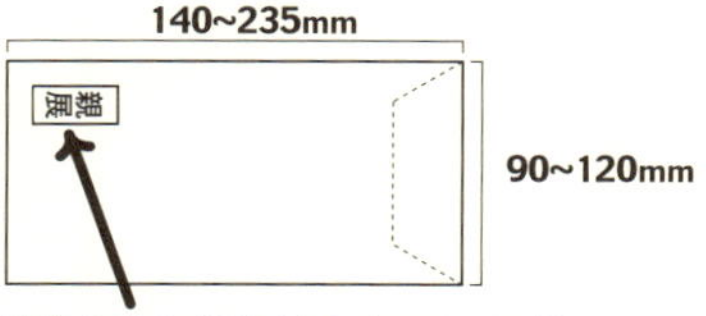

親展・至急など慣例的なものは　記載できる

【 第二種郵便物（ハガキ）】

ハガキは表側半分まで通信欄として使用可能。PRなどに使える

6　事務作業の上手な受け方、引き継ぎ方

新入社員のうちは新しい仕事を少しずつ教わりながら、次第に難易度の高い仕事を覚えていくことになります。新入社員に限らず、新しい仕事を覚えるにはちょっとした工夫で効果が上がります。

今日では社内標準が整備され、各作業の手順書もきめ細かく作られるようになりました。しかし、いくら手順書が整備されていても、職場のことやその仕事の基礎知識がなければ、手順書通りに作業を進めることはなかなかできないものです。

私は仕事を教える場合、例えば伝票の記入の仕方なら、まず処理された伝票をコピーして渡し、それに自分が分かるようにメモを取らせます。この方法が一番良かったように思います。分かりやすい資料にしておきますと、異動などがあっても苦労せず引き継ぐことができます。

たいていの人は説明を受ければ理解をし、処理の仕方も分かります。しかし具体的にメモをとっておかなければ、次回には忘れているのです。簡単なことでも新しい仕事や業務を引き継ぐ際は、メモに残しておくことです。簡単なことが分からなかったりしますと、かえって恥ずかしさも手伝い、聞きづらいものです。

現物コピーしてメモを取る

出金伝票の発行のしかた

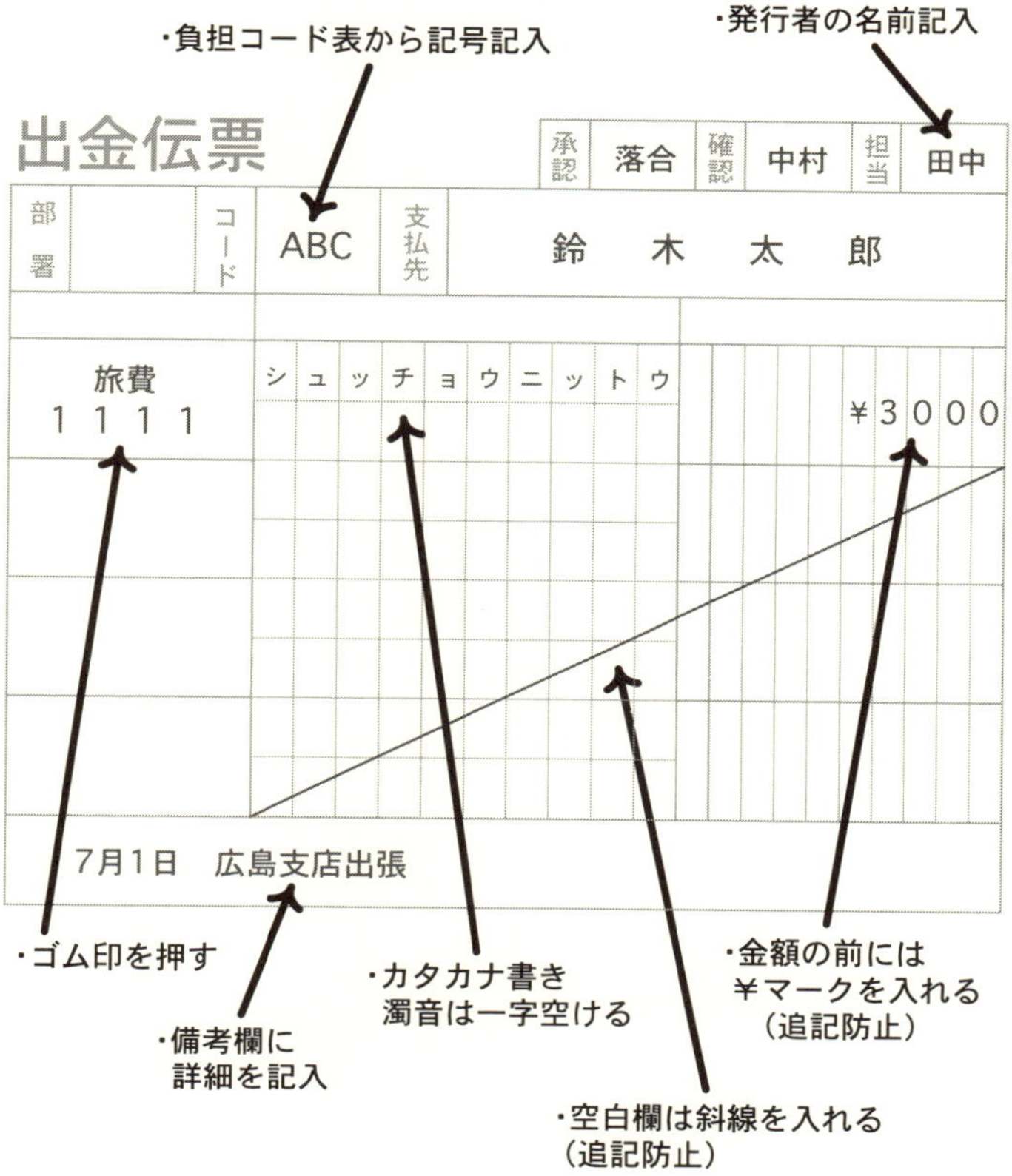

メモ書きは詳しすぎるぐらいでちょうどよい

7　パソコン・デジカメで事務作業効率アップ

パソコンとデジタルカメラなくしては、仕事ができない時代となりました。データさえパソコンに入力しておけば、すぐ検索し取り出して使うことができますし、計算も計算式と数値を間違えずに入力さえすれば、瞬時に計算をして結果を出してくれます。以前とくらべ事務処理能力は大きく飛躍しました。

デジタルカメラ（デジカメ）も使い方しだいでは、事務作業をこの上なく効率的にしてくれます。参考用の資料ですと、デジカメに撮りパソコンにストックすることで必要十分ですし、ホワイトボードなどに書かれた説明文や議事録なども、デジカメに収めれば転記の必要もなく、簡単に取り出せすぐに使うことができます。

パソコンは苦手という人や使用経験が少ない人は、参考書やマニュアルによく目を通して見ることとです。こんな機能もあったのかと、膝を打ちたくなることを何度も経験しました。最適で最大限の使い方をしつこく当たっていくことです。

また、パソコンは必要な情報を積み上げて構築し、蓄えていくことができます。失敗事例などもキチンと整理し、基本事項に付け加えて使えるようにしていきますと、仕事、人生において、かけがえのない財産となっていきます。

パソコン・デジカメを使いこなす

パソコン

① 今の仕事でパソコンに置き換えた方が処理が速いものがないか見直す

② 今の処理方法が一番ベストか見直す

③ 関係先の電話住所録はパソコンで管理
（検索が手元で行え管理もしやすい）

④ 携帯電話とのメールも行う

⑤ 備忘録的必要事項をパソコンで作成し自分の携帯電話にメールし、ホルダ分けして使用

⑥ 情報（知的財産）を構築していく
（仕事のやり方、仕事、人生に有意義な情報）

⑦ ポータルサイトを上手く利用する
・ニュースを見る　・宿泊・各種切符の予約
・電車の時刻確認　・文例を参考にする etc…

デジカメ

① 電車・バス・船などの時刻表を記録

② ボードの議事録、参考事項を記録

③ 行事の記録写真、スナップ写真を撮り記録

④ 取扱い説明書など記録保管

⑤ 外観的不具合を撮り、メールで送る

⑥ 名刺をあいうえお順などに撮り管理使用

⑦ コピーが物理的にできないものを撮る

⑧ 利用時間や関連企業のカレンダーなど記録

⑨ 資料もデジカメに撮り、書類の保管を廃止

パソコンに取り込むことでいくらでも使用法あり

8　ＦＡＸ送信・受信時の注意事項

ＦＡＸに関するトラブルや失敗の事例は多くあります。極めつけは私が購買部に所属していたときのことです。取引のある某会社の本社から支店に送信したはずの部品の仕切書が、誤って私の部署に送信されてきたのです。先方が請求する元値を知ったため、間違って送信されたとは連絡もできずにそのＦＡＸは廃棄しましたが、こんなミスは懲罰対象ものです。また、弁当の注文書が関係先に送信されたこともありました。これらは、送信時に短縮登録をしているダイヤルボタンを押し間違えて送信するためです。デザイン優先で、メーカーが使う側に立ったものづくりをしていないからです。短縮ダイヤルボタンを押す際は、よくボタンを確認してから押すことです。慣れると安易に押しがちですが、発信先と押すボタンに間違いないか必ず確認した上で、押す習慣を身につけることです。

ＦＡＸ受信紙は今はほとんど普通紙になりましたが、旧タイプの感熱紙の交換は、裏表が逆にならないように注意することです。逆にセットしますと、何も印字されずに出てくることになるからです。

重要文書を送信するときは特に注意が必要です。送信先に電話を入れ、受けてもらうことを確認してから送るようにすれば問題がないでしょう。

FAX送受信時の注意事項

● 誤発信の原因と対策

原因		対策
① 短縮ボタンの上下を押し間違える	▶	スタートを即押さない。必ず確認して押す習慣を身につける
② 電話番号とFAX番号を見間違える	▶	FAXと電話番号の書体やサイズを変更する

● 感熱紙の受信紙は裏表に注意

（感熱紙）

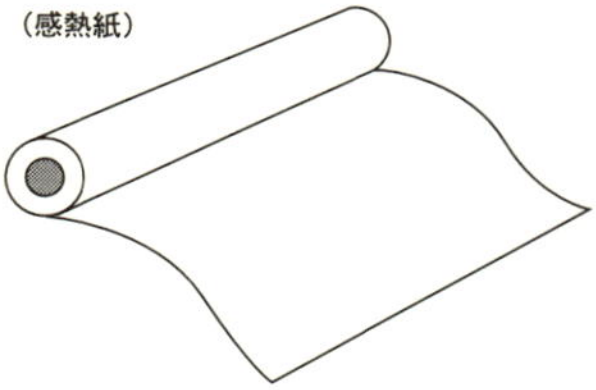

同じ方向に取り出す

用紙を交換するときはセットしてあった状態と同じ状態で取り出し同じ方向にセットをする

裏表に注意！

● 重要書類の送信は確実に

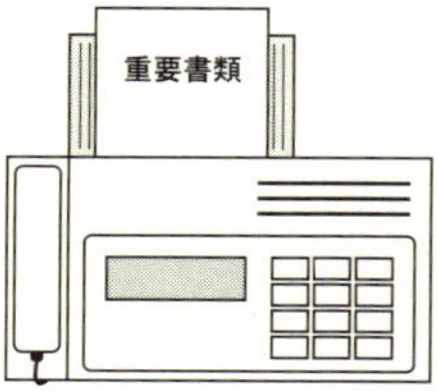

（FAX）

送信先に連絡

重要書類は相手に電話を入れ、待機してもらってから送信する

9　パソコンデータ・重要書類の管理

個人情報の流出が大きな社会問題となっています。大量の個人情報のデータが流出する場合は、コンピューターの管理運営、システムの工事や修理に関係した人が、データを盗み出すケースが多いようです。しかし、一社員でも悪気なくして自分のパソコンに会社のデータを取り込んで、それを部外者にのぞかれたり、コンパクトディスクなどにコピーしたデータを持ち出し、紛失したり盗難に遭うケースも多く発生しています。

それらが特に個人データや社外秘の情報の場合、損害を与えられたり悪用されることも十分予想されます。場合によっては、あなただけの責任問題ではすまないことだってあります。敢えてそれらのリスクを増やすこともありませんから、デジタルデータは特に注意を払い、管理しなければなりません。

書類も外部に持ち出す場合には、脇にただ抱えるようなものでなく、手でしっかり握れるタイプのカバンで持ち歩くことです。最近特にひったくりなどが多く発生していますから、普段からの心がけが必要です。社内では封筒かクリアファイルなどの書類入れに入れて持ち歩くことです。置き忘れを防げますし、落としても汚さずにすみます。

重要データ・書類の管理

● 重要データの注意事項

（パソコン）

①コピーしない

②持ち出さない

③パスワードを洩らさない

原則厳守で常にリスク回避

● 離席時の注意事項

（デスク）

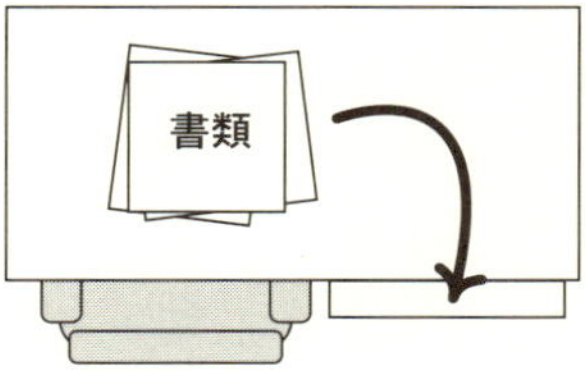

離席するときは机の中に
書類を入れて席を立つ

一般書類とは違う管理が必要

● 重要書類を持ち歩くときの注意事項

（カバン）

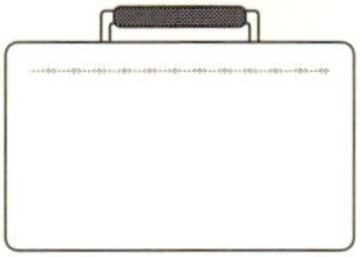

外部では手で握れるカバンに
入れ持ち歩く

外ではひったくり対策必要

（クリアファイル）

社内では封筒は簡便な書類入れ
を使い置き忘れ汚れるのを防ぐ

社内では置き忘れ・書類汚れ対策

10　印章（はんこ）の基礎知識

【署名押印と記名押印】自分の名前を手書きして書面に押印することを「署名押印」といいます。署名押印に対し「記名押印」というものがあります。記名押印とは自分の氏名を自署以外の方法で記載することで、ワープロやゴム印、そのほか他人が代わりに書いたものに押印することをいいます。

【実印と認印】実印はあらかじめ市区町村役場に登録をして、必要な際に印鑑証明書の交付を受けられるハンコのことです。官公庁に対し登記や登録をする場合や、民間においても重要な契約をするときなど、その印が確かに本人のものであることを証明することができるものです。認印とは個人のハンコで、実印以外のものをいいます。

【印章・印影・印鑑】印章とはツゲの木や水牛の角、象牙などで作られた「ハンコ」のことをいいます。印影とは印章（ハンコ）によって押された判の跡をいいます。印鑑とは官公庁にあらかじめ届け出ておく「印影」をいいます。

【代表社印・社印・他】代表社印は会社を設立した際、登記所に届けたハンコをいいます。社印とは一般に角印と呼ばれ、会社の名入りの四角いハンコをいいます。その他会社では銀行印、職制印や組織印など、場合に応じて使用します。

印章(はんこ)の基礎知識

● 署名と記名

署名押印 ……… 鈴木太郎 (鈴木)

記名押印 ……… 鈴木太郎 (鈴木)

署名とは自分で自分の名前を手書きすること、記名は自筆以外の方法で記載(タイプ、ゴム印、ワープロ、他人の代筆でもよい)

● 実印と認印

実　　印 ……… 市区町村役場に事前に登録しておいて、必要になれば印鑑証明書の交付を受けるものをいう

認　　印 ……… 上記以外の印鑑をいう

● 印章・印影・印鑑

印　　章 ……… ツゲや水牛、象牙などで作られるハンコをいう

印　　影 ……… 役所や銀行などに届けた印章の跡を印影という

印　　鑑 ……… 官公庁にあらかじめ届け出ておく「印影」をいう

● 代表社印・社印

代表社印 ……… 会社設立時に登記所に登録した印鑑

社　　印 ……… 俗に角印と呼ばれる

銀 行 印 ……… 預金の出し入れ小切手振出しなどに

職 制 印 ……… 取締役印、部長印、課長印など

● はんこの押し方

社印のみ

株式会社○○○○○

職印か個人印のみ

総務部長　藤原誠二

社印と職印または個人印

株式会社○○○○○

取締役 XXXX

氏名印は名前の最後の文字のすぐ後に押印する

11　不正を防ぐ押印知識

【止め印と消印】文書の余白に勝手に記入されることを防ぐため、文書の最後に押印するのが止め印です。「以下余白」と記入しても同じ効果があります。消印は収入印紙の再利用を防ぐためで、印紙と台紙とにまたがって押印します。（ボールペンで署名も可）。怠ると三倍の過怠税を取られます。

【訂正印と捨印】訂正印とは証書などを訂正する場合に「削除○字」「加入○字」「訂正○字」と記入して押す印です。訂正箇所に訂正印を押しておくようにすれば、勝手に内容を変更されることはありません。捨印は証書などで訂正を予期して欄外に押しておく印です。安易に押せば無断で文書の内容を変更されるおそれがありますので、注意が必要です。捨印はもともと署名者の誤字・脱字などを防ぐためであったようです。契約書などで捨印を要求されるようであれば、捨印と記入して捨印を押せば、問題は防げます。

【割印と契印】割印は互いに連続していることを証するため、二枚の書面にまたがるように押す印です。領収書とその控え、契約書を二通作った場合にその二通間で押すなどに使用します。契印は数枚からなる同一書類の継ぎ目にまたがるように押し、その連続していることを証する印をいいます。落丁や差し替えを防ぐためのものです。

不正を防ぐ押印の知識

● 止め印

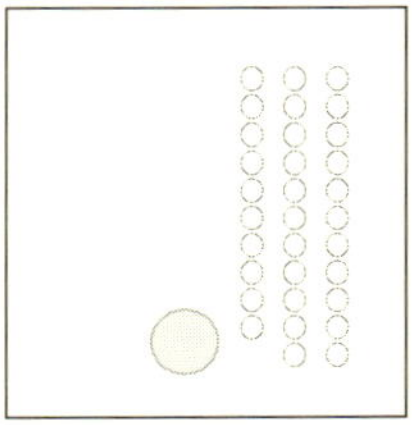

● 消印

● 捨印

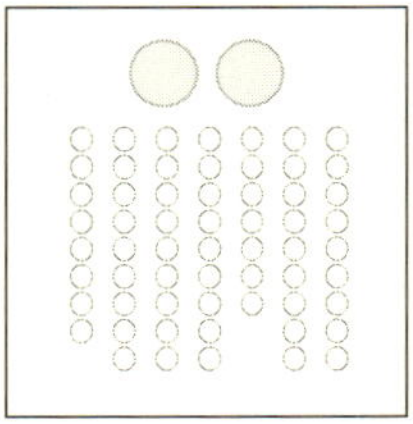

● 訂正印

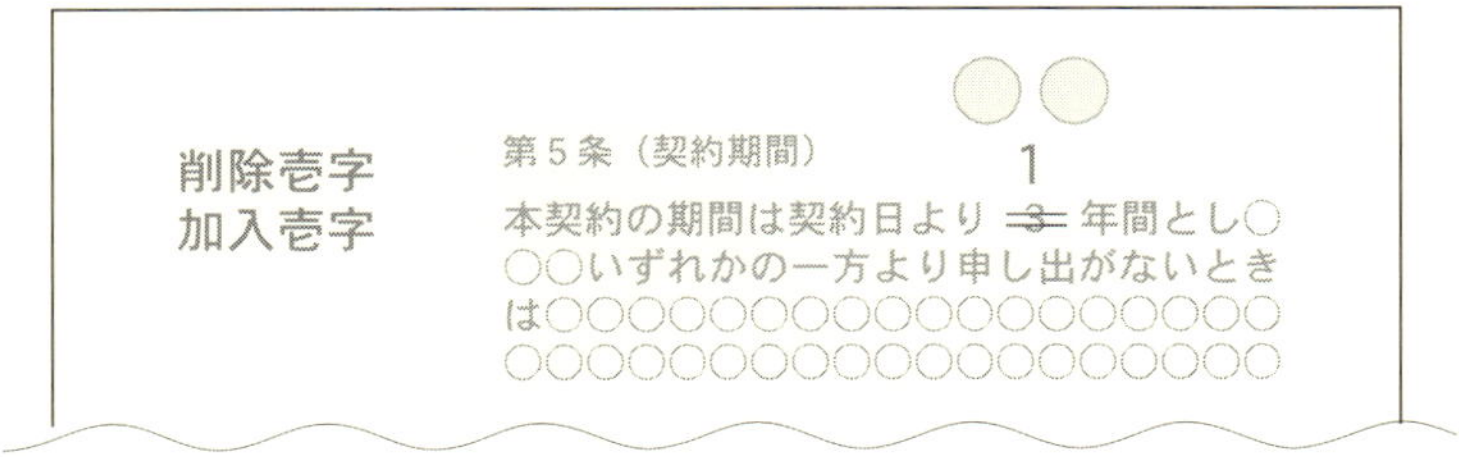

● 割印

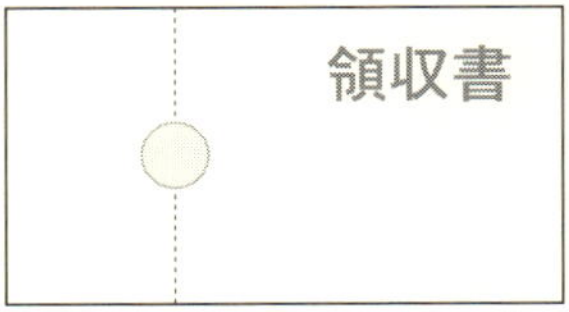

● 契印

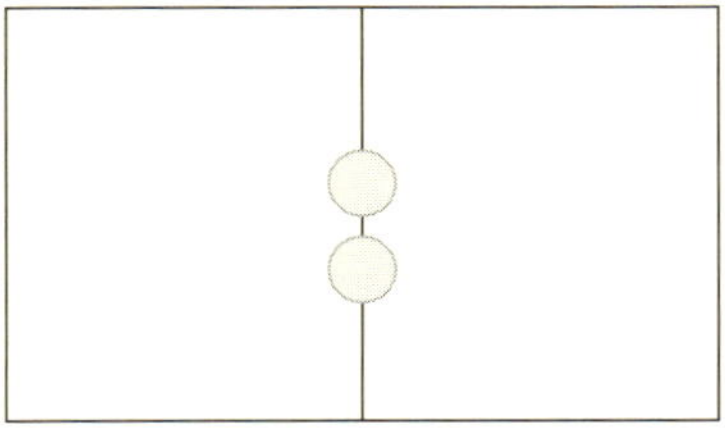

❗押印知識

・角印などサイズの大きいハンコは手前から向こう側にジワーッと押すようにすれば、印肉がつきやすい。

・重要な書類には一度試し押ししてから押印すると失敗を防げる。

STEP
4

ビジネス文書の作成

1. ビジネス文書作成はルールを守る
2. 文体の統一と一文一意の文章
3. 文章表記上の約束ごとと遵守事項
4. 「頭語結語」「時候」「敬称」「気付」
5. ビジネス文書の実際の書き方
6. 文章の訂正は変更箇所が分るように処理
7. 出張報告書はその目的を考えて書く
8. 稟議（伺い）書はポイントを押さえて書く
9. Eメールでの文書作成のポイント
10. 文章で伝えにくいものはビジュアル表現に
11. 常識的な漢字、読めて書けますか

1　ビジネス文書作成はルールを守る

今日ほど情報が多くなりますと、読みやすく分かりやすい文書が当然、要求されることになります。ビジネスにおいて必要要件を備え、なおかつ読みやすく分かりやすい文書とはどんなものなのでしょうか。

まず、文書で大切なことは発行日がタイムリーであることです。最初は緊急でもなかったものが、発行の遅れにより緊急文書になれば、配付を受けた人はその準備や検討に時間がとれないため、大変困ります。文書を作成し、発行するには適正な時期を逸しないことです。

次に文書のタイトルですが、ひと目見て何について書かれた文書かすぐ分かることです。

タイトルが決まれば主文を書きますが、結論、全体の要約、または、相手に何を期待する文書か明確に記述することです。このことが主文に書かかれていないと、最後まで読まなければ何について書かれた文書か判断がつききません。迷惑な文書と言えるでしょう。

主文が入れば、それを受けて文書の要点を具体的に書きます。小見出しを付け、簡潔にまとめます。箇条書きにできるものは、箇条書きにした方が分かりやすい文章になります。

最後のまとめに自分の意見を書く場合は、事実と分けて書きます。今後の見通し、展開、展望など、曖昧な表現ですと読む人の判断を誤らせます。注意することです。

ビジネス文書の形式と必要要件

ビジネス文書作成時のポイント

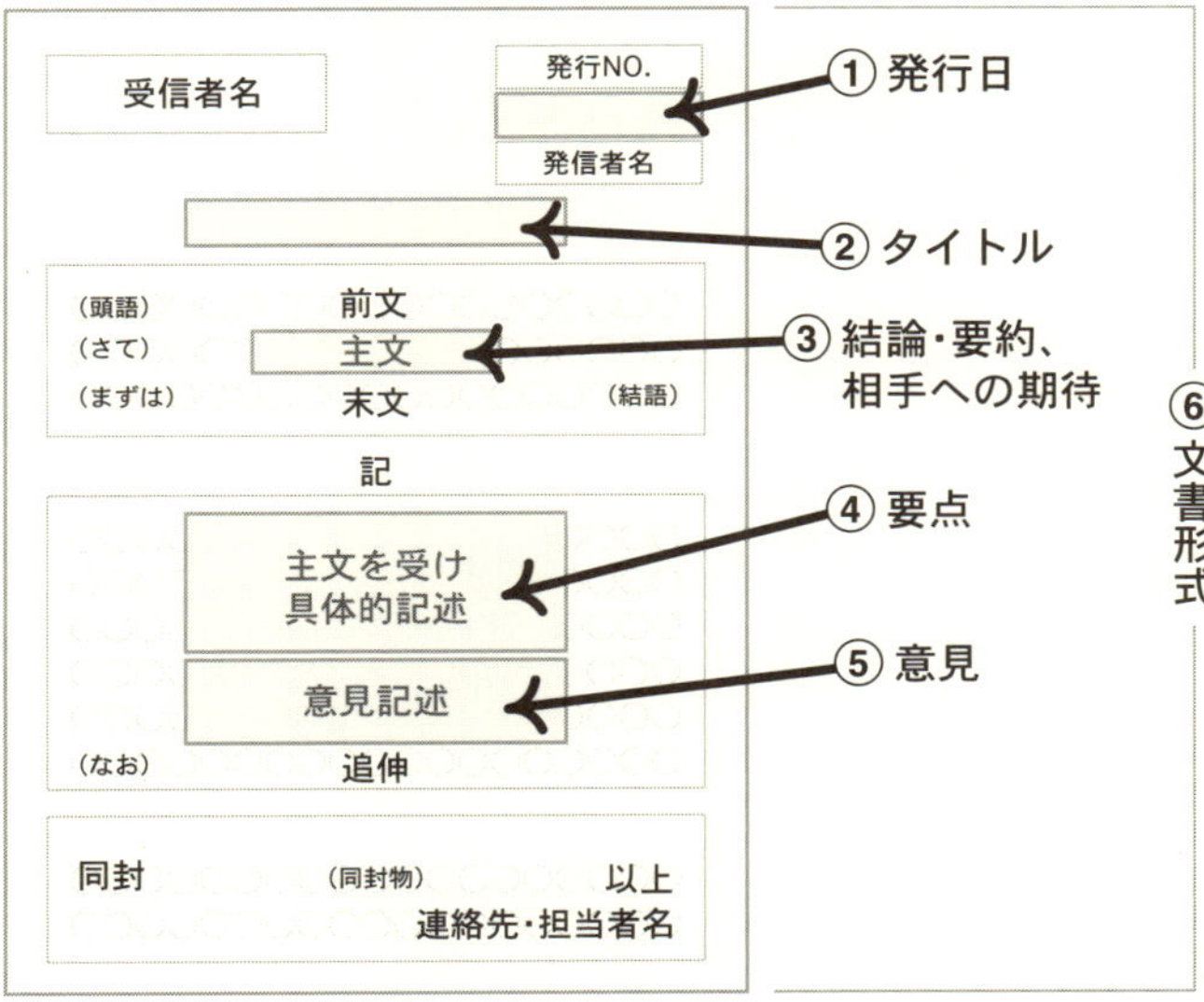

① 発 行 日 …… 発行日がタイムリーであること
(準備や検討する日程が考慮されている)

② タイトル …… 何の文書かひと目で分かること

③ 結論要約 要求事項 …… 結論・要約、または、相手に何を期待するのかが明確に記述されている

④ 要　　点 …… 小見出しがあること。簡潔に具体的に要約して書かれていること。
箇条書きが読みやすい。

⑤ 意　　見 …… 事実と意見は分けて書かれていること
(意見、見通し、展開、展望など)

⑥ 文書形式 …… 文書に応じた形式で作成されていること

2　文体の統一と一文一意の文章

文章には「です・ます調」と「である調」があります。基本的には統一して書くことが必要です。ただそれは、あくまで原則的なことであり、ビジネス文書以外では、文章の調子に変化をつけるために、いっしょに使われることもあるようです。

ビジネス文書では、実際にどのようにこの文体が使い分けられているかといいますと、「である調」は「社内文書」、「です・ます調」は「社外文書」に多く使われています。「である調」は文書量も少なくてすみ、文章も見た目も簡潔であり、「常体」とよばれます。一方、「です・ます調」は「敬体」とよばれ、言葉が丁寧ですから「社外文書」向きです。最近の若い人には「何々したいです」的な子供じみた表現が多く見受けられますので、「です・ます調」を使う際は、特に注意が必要です。

言葉にムダのない名文としてよく紹介されるものの中に、武士が戦場から妻に宛てた「一筆啓上、火の用心、おせん泣かすな、馬肥やせ」の書状があります。家族に対する思いやり、家の守り、次の戦に備えての思いがひしひしと伝わってきます。

「一文一意」や「一文一義」がよく言われますが、ひとつの文章にはひとつの意味を持たせて文章を書くようにすれば、分かりやすくなります。ぜひ心がけたいものです。

「文体」は統一、文章は一文一意

● 文体の種類と特徴

文　体	である	です・ます
特　徴	文章が締まった感じで 文字数が少なくてすみ 「常体」と呼ばれる	表現がていねいな反面 文字数が多く必要 「敬体」と呼ばれる
区　分	社内文書向	社外文書向

●「である」調

① 社内報告書・議事録
② 社内取扱い手順書
③ 社内基準・標準
④ 社内資料、技術資料
⑤ その他、主に社内文書

●「です・ます」調

① 企画提案書（客先宛）
② 報告書（客先宛）
③ マニュアル（顧客用）
④ 営業資料（顧客対象）
⑤ その他、主に社外文書

ただし、上司への報告書など内容によっては社内文書でも
敬体にする方が望ましい場合がある。

● 言葉にムダのない一文一意の文章

一筆啓上、火の用心
おせん泣かすな、馬肥やせ

言葉にムダのない名文としてよく紹介されている。 一文一意の気持で書くことが
何より分かりやすい文章になる要件である。

3　文章表記上の約束ごとと遵守事項

ビジネス文書に限らず、文書を作成するにはそれなりの表記上の約束ごとや、守らなければならないルールがあります。

文書に序列を設けて作成する場合は、下位文書のそれぞれの文頭の位置を揃えて書かなければ、読む人が混乱してしまいます。また、語句を強調したり、他の文章から引用したりする場合には、それぞれの約束ごとがあります。

ときどき他人が書いた文章を無断で使用したりして問題になっていますが、自分の文章に引用する場合には、それなりのルールを守らなければなりません。カッコなどを用いて引用であることを明示するとともに、出典を明らかにすることが必要です。ルールにそった書き方をしなければ、「著作権侵害」に問われることにもなりかねません。

語句を強調したい場合には、カッコやクォーテーションマークでくくったり、アンダーラインを付けたりして、目立つようにします。目立たせるだけでなく読みやすくもしますので、ぜひ使いたいものです。

ビジネス文書はルールを守り、ルールに添って作成することです。そしてできるだけ一枚で仕上げるようにしたいものです。一枚の文書のメリットは多いと思います。

ビジネス文書表記上の注意事項

●言葉や語句を強調する

①カッコでくくる	▶「新潟中部地震」
②クォーテーションでくくる	▶“京都議定書発効”
③アンダーラインを付ける	▶ スマトラ沖地震
④文字を斜体にする	▶ *振り込め詐欺*
⑤文字を太字にする	▶ **楽天イーグルス**

●見出し符号で文章のレベルに統一性を持たせる

【見出し符号の使用例】

(1)〇〇〇〇〇〇
×①〇〇〇〇〇

1.〇〇〇〇〇〇
×(1)〇〇〇〇〇
×①〇〇〇〇〇

1.〇〇〇〇〇〇
×(1)〇〇〇〇〇
×1)〇〇〇〇〇
×①〇〇〇〇〇

●他人の文章を引用するには

【引用文にはカギカッコを使う】

「読んで退屈する文章と生き生きした文章の差は喚起力の問題といっていい。喚起力のある文章は、扱う題材、文章の巧拙《こうせつ》にかかわらず、一定の魅力を持っている。読ませる力があるのです」

「実践的ライター入門」　松枝史明　PHP研究所

4「頭語結語」「時候」「敬称」「気付」

少しあらたまったビジネス文書では頭語、結語がなければ文書が引き締まりません。例えば新社屋が落成し、関係先に式典や祝賀会の案内を出す文書では、頭語には「謹啓」がピッタリです。格調があり趣きがあります。また、急ぐ場合は「前略」を使い時候の挨拶を省略し、結語は「草々」とします。ほんとうによくできていると感心させられます。

こうした従来からの慣用語句や形式を使わない手はありません。時候の挨拶で「立春の候」のような文章を使いますと、少し事務的には感じますが、下手に「春の訪れが待ち遠しい今日この頃ですが…」と始めれば、後に続く言葉を考えることになってしまいます。それより「立春の候、貴社益々ご隆盛のこととお喜び申し上げます」の方が文章が締まり、本題に早く入れるように思います。（ただし一般の手紙やハガキは紋切り型にしない）。

敬称のつけ方ですが、最近の若い人は会社宛の封書に「様」と書く人がいますが、いただけません。○○株式会社○○部「御中」のように、敬称を正しく使って書くことです。

気付ですが、上司や同僚が関係先に立ち寄る際、ＦＡＸなどで書面を届けたいときに使います。例えば○○株式会社、○○部気付とし、同僚や上司宛としてＦＡＸを送ります。「気付」で送る場合は、渡してもらいたい旨を必ず連絡を入れ、お願いします。

敬称、頭語結語、時候、気付

●敬　称

様	個　人	田中太郎様
様・殿	職名か個人名を付けた職名	鈴木総務部長様／総務部長殿
御中	会社、役所など	○○○○株式会社総務部御中
各位	同文多数の人	安全衛生委員各位／株主各位
ご一同様	複数の人	総務課ご一同様

●頭語・結語

一般文書	拝啓・敬具	前文省略	前略・草々
儀礼文書	謹啓・敬白	再度発信	再敬・敬具
返信文書	拝復・敬具	社内文書	以上

●時候の挨拶

1月	睦月(むつき)	初春・仲冬・大寒
2月	如月(きさらぎ)	立春・春寒・余寒
3月	弥生(やよい)	浅春・早春・春風
4月	卯月(うづき)	春暖・陽春・晩春
5月	皐月(さつき)	薫風・新緑・若葉
6月	水無月(みなづき)	麦秋・深緑・向暑
7月	文月(ふみづき)	小暑・盛夏・猛暑
8月	葉月(はづき)	炎暑・残暑・処暑
9月	長月(ながつき)	新秋・初秋・新涼
10月	神無月(かんなづき)	爽秋・秋冷、中秋
11月	霜月(しもつき)	錦秋・初冬・寒冷
12月	師走(しわす)	師走・厳冬、酷寒

●気　付

○○○○株式会社　○○部気付　自社名　藤原誠二行き

ただし、先方に電話し渡して欲しい旨を伝えること

5　ビジネス文書の実際の書き方

ビジネス文書を作成するのに時間がかかるという人は、その文書をなぜ書くのかという目的をしっかり捉えていないことが多いと思います。同じことを繰り返し言うようですが文書を作成し発信する場合には、相手に行動を起こしてもらうなり、何らかの行動を期待する訳ですから、そのことを明確に表現することが不可欠なのです。それさえしっかり書ければ、もう文書はできたようなものです。

まずは件名を具体的に書くことです。件名はその文書に何が書かれているのかがひと目で分かるものでなければなりません。例えば、「工場見学のお願いについて」「〇〇製品見積もり依頼について」「〇〇部品納期遅れによる生産支障について」など、見ただけですぐに分かるように件名を付けることです。

前付け「文書番号、発行年月日、受信者名、発信者名」と件名、主文が入れば後は、「記」以下に主文に対しての詳細を書いていくことになります。残るは追伸があれば書き添え、同封物があれば〇〇何部、何通と書きます。他、本件についての問い合わせ先として担当者名と外線・内線の電話番号を記載しておけば、相手に対しても親切です。ビジネス文書は基本スタイルに添って書くようにすれば、早くまとめられます。

基本スタイルに添って書く

前付

0000年7月5日
文書番号No.01

田中工業株式会社
品質部長　山本三郎　様

中国西部工業
品質保証部
部長　山田太郎

本文

定例品質会議開催について

拝啓　盛夏の候、貴社ますますご隆盛のことと存じます。
　さて、標題の件ですが７月度の定例品質会議を下記の通り開催致しますので、ご多用とは存じますが、ご出席ご報告を下さいますようにお願い致します。

敬　具

記

１．日時　００００年7月１７日
　　　　　１３：００～１５：００
２．場所　当社本館第一会議室
３．議題　６月度発生不具合対策報告
４．資料　報告資料はＯＨＰかプロジェクターにて説明できるように準備願います。
　　　　　なお、不明な点は下記担当までお問い合わせください。

付記

同封　６月度当社組み立て工程内発生不具合リスト　一部
　　　６月度得意先組み立て工程内発生不具合リスト　一部

以　上

担当　品質保証部　中村
電話　082-111-2222(直)

6　文章の訂正は変更箇所が分かるように処理

連絡文書で日時や場所などの変更があれば、前のデータを残し、訂正書きを入れるのが良い方法です。特に日時が変更になった場合は、修正するときに最初の日程を知る必要があります。常に多くのスケジュールを追いかけている人には必要なのです。

訂正部分の字を大きくしたり、ゴジック体や斜体にするなど、変更した箇所がすぐに分かることが必要です。ダイエットの宣伝広告ではありませんが、訂正前と訂正後をオーバーなくらいハッキリさせることです。そのくらいの表現にすれば、配付された人もよく分かり助かります。

規定などを改定する場合にも、同じことがいえます。版が変わり改定文書が配付されてもどこが変更になったのか、前の文章と比較しなくてはならないようでは困ります。必ず、アンダーラインや斜体、または、変更箇所が分かるように予め決めておくことです。

ちょっとしたことなのですが、ビジネスでもそれ以外においても同じことがいえます。常に相手の立場に立って処理を行うようにすれば、問題が少なくてすみます。安易に訂正して流してしまうと、関係部署に無駄な手間をかけてしまうことになりかねません。

文章の訂正は分かる方法で

● 前のデータを残す

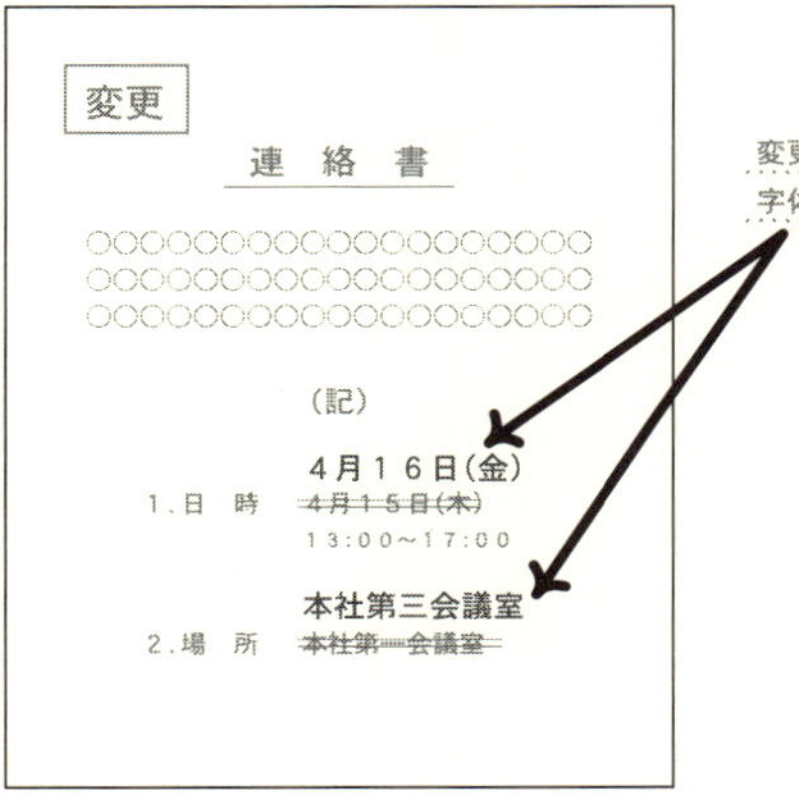

変更
連　絡　書
○○○○○○○○○○○○○○○○○○○○
○○○○○○○○○○○○○○○○○○○○
○○○○○○○○○○○○○○○○○○○○
（記）
4月16日(金)
1．日　時　~~4月15日(木)~~
13:00～17:00
本社第三会議室
2．場　所　~~本社第一会議室~~

変更内容がよく分かるように
字体や大きさに工夫

● 変更箇所を分かるようにする

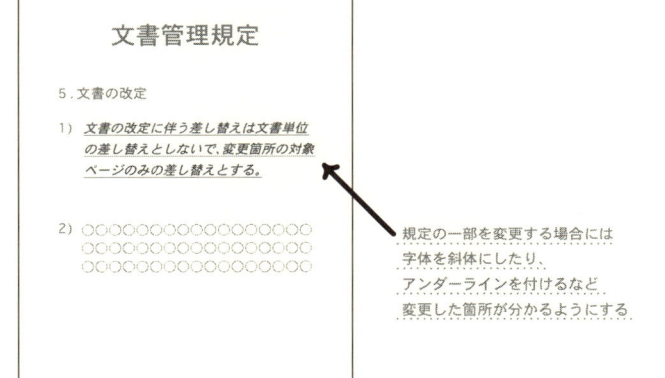

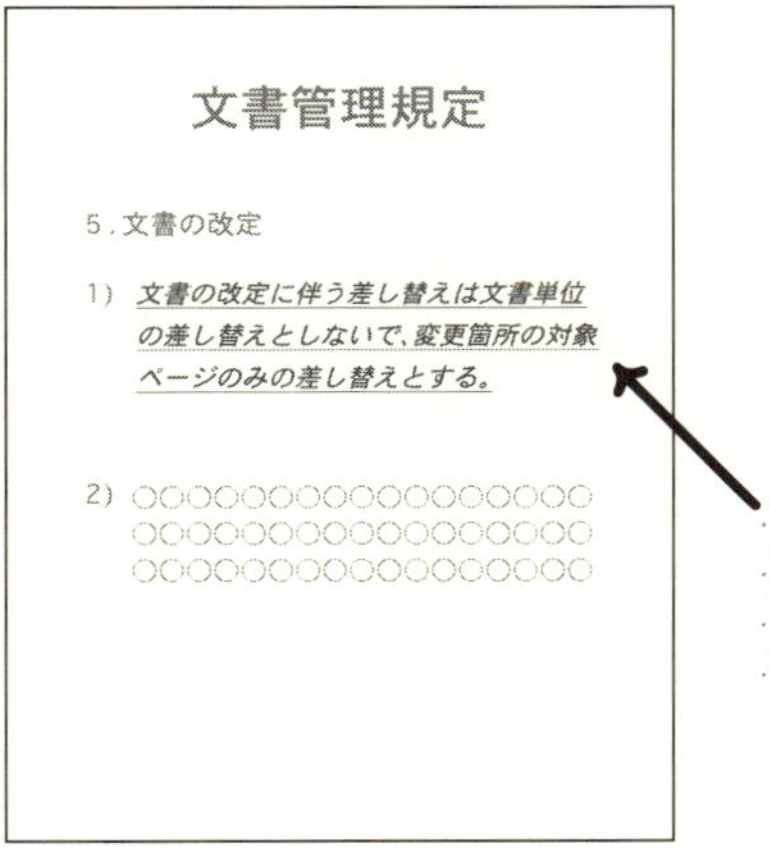

文書管理規定
5．文書の改定
1）*文書の改定に伴う差し替えは文書単位の差し替えとしないで、変更箇所の対象ページのみの差し替えとする。*
2）○○○○○○○○○○○○○○○○○○○
○○○○○○○○○○○○○○○○○○○
○○○○○○○○○○○○○○○○○○○

規定の一部を変更する場合には
字体を斜体にしたり、
アンダーラインを付けるなど
変更した箇所が分かるようにする

7　出張報告書はその目的を考えて書く

セミナーなどに担当者を参加させ、報告書を書かせますと、単なる感想文を書くタイプと、研修の経過と内容の要約のみ書くタイプに分かれます。

会社が研修などに参加させるには、それなりの目的があります。仕事を進める上で参考にし、今後の仕事に生かしていってくれるように期待しているのです。受講の感想文が求められているのではないことを、頭の中によく入れておきましょう。

見出しも付けず、作文のようにびっしり書いている場合は、目を通すことなく、箇条書きにするか小見出しをつけて要約して書くように本人に伝え返します。もう一方は、いつ、どこで、どういうセミナーに参加し、講師は誰で、研修内容はこうであったという経過報告のみに終始する報告書です。体裁は整えて書いていますから読みやすくはあるのですが、どんなところが仕事の参考になり、今後どのように生かしていくかがみえません。それらを付け加えるよう指示し本人に返します。

研修にはテキストや資料を使用しますから、それらを要約して書く必要はありません。講義や説明で重要な事項、事例、参考になったことを整理して書くことです。講義、研修を受ける際は、報告書の提出を常に頭においてノートをとることです。

出張報告書は目的を考えまとめる

「購買実務セミナー」受講報告書

○○○○年○月○日

購買課
鈴木課長 殿

購買課
藤井幸雄

購買実務セミナー受講報告書

　このたび標記のセミナーを受講しましたので、下記のとおり報告いたします。

（記）

1．研修名　　購買実務セミナー
2．日　時　　平成○年7月7日午前10時～午後4時
3．場　所　　○○市職業訓練センター
4．講　師　　（株）○○○○　取締役兼購買部長　○○○○
5．講習内容、感想

（1）見積書の取り方について
見積書の具体的なとり方の事例説明があり、今後業務を進める上で大変参考になりました。
①
②

（2）コスト改善について
コスト改善については外注先と一緒に検討を進めることが必要であることが分かりました。今後は下記事項について外注先とともに進めていきたいと考えます。
①
②

添付資料　①テキスト　1冊
　　　　　②他資料　1冊

以　上

8　稟議（伺い）書はポイントを押さえて書く

会社（役所でも同じ）では自分の一存で高額な物品を購入したり、固定資産を処分したり、新規の会社と取引を開始したりするなどということはできません。ほとんどの場合、社内規定があり起案から確認者、決裁者まで決められて運用されています。

機械や設備などをはじめ、一定額を超える物品の購入、新規取引先の開設、費用を伴うクレーム対策、不要資産の処分など、重要案件の稟議事項は広範囲なものが対象となり、社内規定で決められています。

入社して間もない時は、自らの考えで起案（発行）することは少ないと思われますが、上司からの指示で稟議書を起案することは少なくありません。

その際は会社によって専用のフォームがあったり、その独特の書き方があったりしますから、まずそれらを確認してから書くことが必要です。

稟議を起案する場合には、件名、起案した目的（必要性）、必要経費、実施したときのメリット、デメリットなどを明確にすることです。稟議書について上司から見直しの指示を求められている場合は、件名、目的、必要経費、メリット、デメリット、添付資料に不備や不明確な点がある場合がほとんどです。

稟議書はポイントを絞り記入

（稟議書の記入例）

1.件名　印刷機導入設置の件

2.目的　　現在当社には印刷機がなく社内配付物の枚数の多いものもすべてコピー機でコピーして配付しています。そのためコピー費用がかさみムダな経費を発生させています。

　つきましては新規に印刷機を購入し、枚数の多い配付物は印刷機に切り替えたく考えます。

　ご検討の上ご決済をいただきますようお願いします。

3.初期投資費用　¥500,000ー

4.メリット　¥150,000ー／年
※詳細は別紙資料添付

5.導入希望時期　○○年○○月

6.添付資料　1）印刷機見積書　2社分
2）メリット計算書　1通

以　上

9　Eメールでの文書作成のポイント

Eメールでまず大切なことは、タイトルを読んで内容がすぐ分かるものにすることです。検索しやすいようにフォルダー分けをしたくても、メールを開いて見なければ分からないようなタイトルの付け方では困ります。

例えば「A商事○○調整の中間報告（参考）」とか、「○○調整会議について（緊急会議）」とか、何について書かれたメールかすぐに分かることが重要です。

次に大切なことは、1件のメールには一つの用件のみを入れることです。何通も出すのが面倒だからといって、ついでに他の用件も入れておくのは、マナー違反です。これも管理する上でとても困ります。

Eメールの文章ですがメールは画面を通して読むことになりますから、読みやすいものにしなければなりません。段落ごとに「一行の空白」を入れる、一行の文字数は「三十五文字」ぐらいとするなどです。

文章は結論を先に書く、長い文章には要約文を入れる、訂正のメールでは訂正箇所が一目で分かることなども、大切な要件です。Eメールは管理しやすいというメリットはありますが、不備がありますと管理するのにかえって手間取ることになりますので、注意することです。

Eメール文書作成のポイント

Eメール作成8つのポイント

① タイトルで重要性や緊急性が分かること

② 1件のメールには1件の用件を

③ 文章は簡潔に結論が先

④ 段落ごとに1行は空ける

⑤ 1行の文字数は35文字前後とする

⑥ 訂正文は訂正箇所が分かるように印を入れる

⑦ 長い文書は要約文を付ける

⑧ 送信の前に必ず内容・送信先を確認する

（タイトル事例）

件名：A商事〇〇調整の中間報告（参考）

件名：〇〇調整会議開催について（緊急会議）

件名：A製品在庫調査依頼について（依頼）

タイトルで緊急性や
何の文書か分かるようにしよう

10　文章で伝えにくいものはビジュアル表現に

品質保証の仕事にながく携わっていたこともあり、不具合が発生した場合のより速い、正確な取引先への情報伝達を会得したように思います。

外観的な不具合でしたら、デジタルカメラに撮りメールで送る、文章のみでははっきりしないときは、図面をコピーして図示し、ＦＡＸで伝えるなど、いろいろな方法をとりました。文章で伝えにくいものは、図や写真などが効果的です。

図解によって分かりやすく表現する方法もあります。ごく小さい部分を表現する場合は、拡大して表すようにすれば必要な箇所を詳細に描くことができて、とても分かりやすくなります。数値など、規格から外れている場合は表にすることです。表にすれば比較した形で見られることになりますので、非常に分かりやすくなります。

ビジュアル表現としては、このほかグラフなどもあります。いずれの場合も、重要なのは手間をかけずに分かりやすく、はやく伝えることです。

いかに文章表現能力があっても、文章だけでは限界があります。今後はビジュアル表現の知識・技術を身につけることが特に望まれます。

文書にビジュアル表現を用いる

ビジュアル表現の必要性

▼

● 文章には限界がある

・外観不良、事故現場の状況や物の色調、形など
・日々・月間・年間の売上金額、品質の数値などの推移
・工場・店内・商品のレイアウト図や案内図
・物や事柄の関連性を表す関係図・系統図・相関図

▼

● ビジュアル表現のメリット

・物の形や色調などが伝えられる
・伝達がはやい（ひと目で分る）
・物や事柄の関係、推移、傾向、構造が表現しやすい
・事柄の強弱、力関係が表現しやすい

表現事例

1. 拡大する

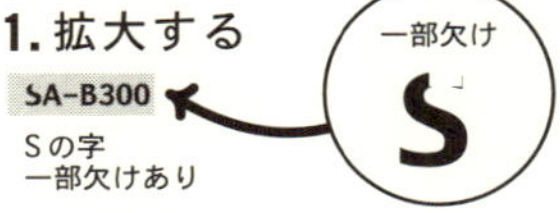

2. 画像を伝える

3. レイアウト図

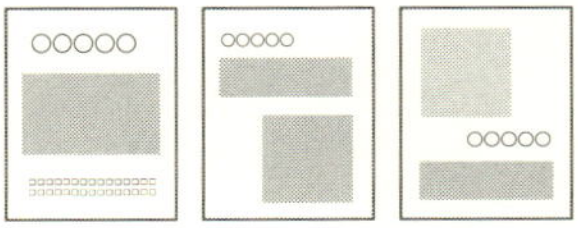

4. 会議を図解

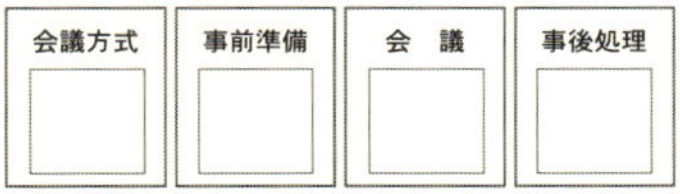

5. 文章・図解のマトリックス図

	文章	図解・写真
伝達即効性	△	○
物事の関係傾向・構造	△	○
物事の強弱力関係	△	○
色合い・形	×	○

文章で表現しにくいものは
ビジュアル表現で考えよう

11　常識的な漢字、読めて書けますか

担当者にある書類をパソコン入力させていたところ、手の動きがピタリと止まり、動かなくなりました。その部下には当時パソコンを教えたばかりで、文字の入力だけは問題なくできるようになっていました。

操作が分からなくなったのかと思い、訳を聞いてみますと、漢字が読めなかったせいで入力ができなかったのです。読みの分からない漢字の検索方法までは教えていなかったため、読めなければ人に聞くしかありませんが、ただ、あまり常識的な漢字でしたら恥ずかしいので、おいそれとは聞けなかったのでしょう。

とにかく会社の書類や、家庭においても新聞や雑誌で読めない漢字があれば、必ず辞書などを引いて覚えるようにしていきたいものです。読めない漢字をそのままにしておきますと、必ずいつかは恥をかくことにもなります。

購買部に所属していたとき、「購買」という字が「買う」ではなく、「購売」、いつのまにか物を売る側にされてしまいましたが、誤字の宛名の封書が本当に多く寄せられていました。かなりの封書の宛名が「購売」できていましたので、最後には抵抗を感じなくなってしまいました。自信のもてない字は、必ず辞書を引く習慣を身につけることです。

間違いやすい漢字の腕試し

● 書き間違いやすい漢字

① こうばい 部を訪れる

② せんべつ を渡す

③ 会社を ほうもん する

④ 人事 いどう がある

⑤ おうたい が悪い

⑥ いがい と待遇が良い

⑦ 研修で こうぎ を受ける

⑧ データを ぶんせき する

⑨ じっせき を集計する

⑩ データを かんちが いする

間違えていませんか!

~~購売~~

~~銭別~~

~~応待~~

● 読み間違いやすい漢字

⑪ 分　掌 規定に目を通す

⑫ 相　殺 でお願いする

⑬ 歩　合 制

⑭ 稟議書 を起案する

⑮ 為　替 で送金する

⑯ 是　正 を依頼した

⑰ 弔　問 に行く

⑱ 督　促 をする

⑲ 発　足 した

⑳ 疾　病 率を調べる

答え
①購買②餞別③訪問④異動⑤応対⑥意外⑦講義⑧分析⑨実績⑩勘違
⑪ぶんしょう⑫そうさい⑬ぶあい⑭りんぎしょ⑮かわせ⑯ぜせい
⑰ちょうもん⑱とくそく⑲ほっそく⑳しっぺい

STEP
5

改善の進め方と手法

1　改善は身近で困っていることから

改善提案が初めてという人は、まず、自分が一番困っていることから始められることをお勧めします。それが自分にとって一番実施効果があり、仕事を楽にしてくれるからです。

例えば、物をよく捜すようでしたら、その真の原因を探ってみます。たいていは物品を収納する場所が固定されていない場合が多く、その上さらに表示がきちんとされていないため、物を捜すことが多くなるのです。ですからそれらをまず、解決しなければなりません。

社内の電話番号が捜しにくければ「あいうえお」順に作り直す、緊急の注文でいつも大騒ぎするようでしたら、在庫が一定量になれば注文がかかる仕組みにする、なども必要な改善です。

間接業務はとかくムダな時間を費やすことが多い傾向にありますから、忙しくした割には業務が進まなかったということがよくあります。付帯業務などを含めて、ムダの実態をよく調べ、まず身の回りから改善していくことです。自分の身の回りの改善が済んだら、コスト改善や他部署の改善も検討するのがよいと思います。

小さなことでも積み重ねることで、大きな成果を上げることができます。まず、身の回りの改善を優先していくことが何より大切です。

改善はまず自分の職場から

いま一番困っていることから はじめよう

① 物品をよく捜す	▶ 収納場所を定置化し表示を行う
② 事務用品の収納場所が少ない	▶ 棚、書庫内に仕切りを設ける
③ 宛名書きに時間がかかる	▶ パソコンでラベル印刷
④ 伝票にコードなどの番号を間違え記入	▶ 手書きからゴム印に変える
⑤ 電話番号が捜しにくい	▶ 職場別から「あいうえお順」に替える
⑥ コピー機が近くにない・コピーの待ち時間がムダ	▶ パソコンからプリンターに出力し印刷
⑦ 緊急注文が多い	▶ 一定の在庫を切れば注文がかかる仕組みを作る（入荷日を考慮し適正在庫確保）
⑧ 各部署配付書類	▶ メールボックスを設け各部署で授受（急ぎのもののみ連絡し配付は廃止する）
⑨ 来訪者の行先説明に時間がかかる	▶ 社内レイアウト図を作成し説明する
⑩ ゴミの分別が悪い	▶ 容器にイラストを入れ誤投入を防ぐ

2　改善案が出せる人、出せない人

コスト改善委員会の委員を3年くらい務めた経験がありますが、改善提案書をよく書いて出す人と、出さない人と、二つのタイプに分かれていたように思います。

今はほとんどの会社に改善提案制度が設けられており、個人目標を年間で何件などと、設定している場合が多いと思われます。改善提案を出さないのか、出せないのかははっきりしなくても、出さなかった場合は改善目標の未達成ということで評価が悪くなります。

改善提案がうまくいかない人は、頭の中だけであれこれと考える人が多いのではないかと思います。頭で考えてグッドアイデアと思っても、実際にやってみたらうまくいかなかったということも、案外多いものです。改善案はその効果が検証できるものについては、それを確かめた上で提案することが大切です。

ある部品のコスト改善を検討するには、必ず現物と、図面や仕様書を準備した上で検討を進めることです。プレス部品を例にとりますと、図面や仕様書には材質や板厚、表面処理、加工方法などが記載されていますから、それぞれの項目についてコストが下がるような変更ができないか、検討していきます。そうした方法が、改善に一番結びついていったように思います。

改善案の出る人、出ない人

●改善案が出ない人

① 目標を持たない
② 仕様書・図面をみない
③ 現物・現場を見ない
④ 頭だけで考える
⑤ 問題意識を持たない

▶

▼

改善提案 ……… 0件

●改善提案を出す人、実績を出す人

① 常に目標を持てる
② 仕様書・図面を見る
③ 現物・現場を見る
④ 事例を参考にする
⑤ 問題意識を常に持つ

▶

▼

改善提案 ……… 提出採用

3　改善案は他の事例を応用してみる

身近なところで日常よく使う封筒の改善案を取り上げてみました。使用済み封筒に関しては百案百出で、再利用の案が多く出ていました。主だったものをあげてみますので、参考にしてみてください。

一番一般的なものは古封筒に宛名、差出人の欄を設けた印刷物を貼って、社内間で書類を送るときに使用するというものです。枠が小さ過ぎると文字が書きにくいうえ、読みにくくなりますので、気を付けましょう。次に白い紙を表に貼り再利用するものです。今は環境問題が注目されていますので、特に違和感はないと思います。封筒ののり付けをはがし、裏側を表にして再利用するというのもありますが、少し手間がかかります。

封筒そのもののコストを抑えることから考えますと、模造紙からクラフト紙に、紙質も薄いものに、また、大きさを1サイズ落とすのも経費削減になります。

環境省中国地区環境対策調査官事務所からの封書は、図のように下部に定型封筒が作れるよう点線の印刷がしてあり、点線部分を切ってのり付けすれば定型の封筒として使えます。裏の余白部分を自社のＰＲ用に使うのもひとつの手です。考えればいろんな改善案があるものです。環境問題も考え合わせ、より良い使い方がないか考えてみたいものです。

封筒の改善事例

●再利用事例

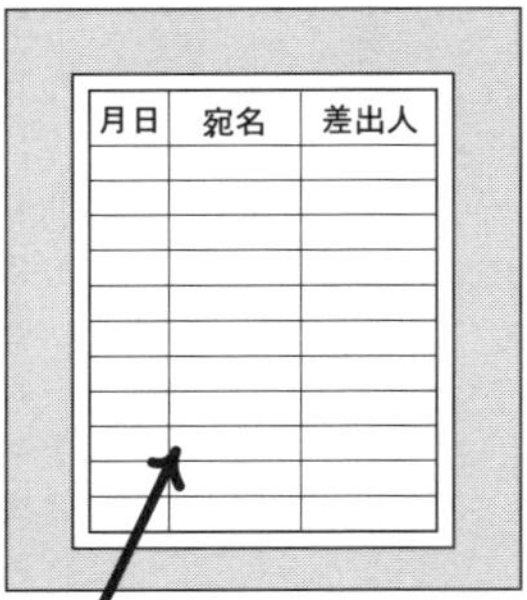

印刷した用紙貼り付け

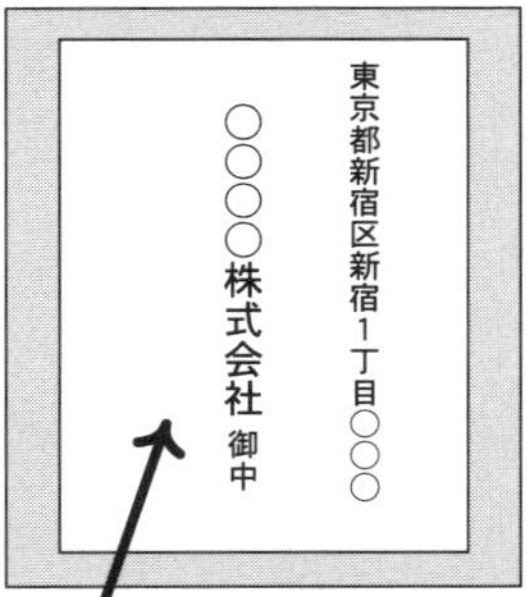

白紙を貼付使用

一部を定形封筒として使う

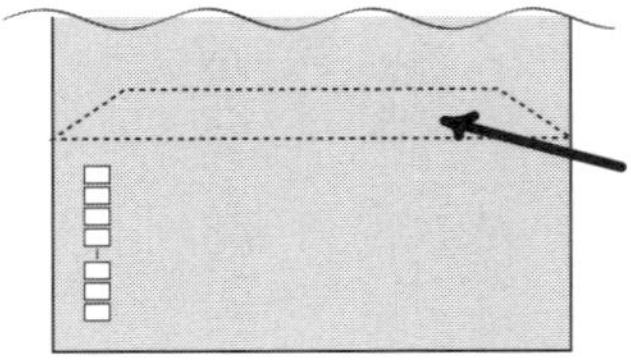

A4サイズが入る封筒の下部に
定型封筒が作れるように
点線で印刷を入れる

●コスト改善案

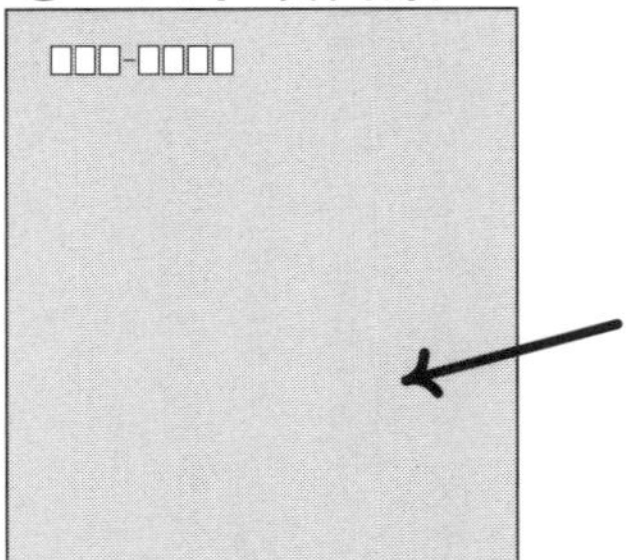

（封筒）

コストを下げる改善案例

① 材質変更（模造紙→クラフト紙）
② 紙質を薄くする
③ サイズを1サイズ下げ使用
④ 外注依頼から自社印刷に変更
⑤ 自社間の郵送封筒は使用済みの封筒を使用（上記参考）

4　事務部門の改善の進め方

事務部門の改善は、大きく分けて次の三つになると思います。一つ目は作業の効率化です。郵便物の宛名や送り状を手書きしているのをよく見かけますが、けっこう時間がかかるものです。郵便物の宛名はパソコンでラベル印刷が簡単にできますし、送り状は運送業者がサービスで発送元の住所社名は入れてくれます。繰り返し送る相手先に関しても、業者に印刷を頼めます。わずかでもムダな時間をなくし、事務作業を効率的に行う発想が必要です。

二つ目としましては、経費のムダをなくしていくことです。枚数の多いコピーは印刷業者に頼む方が安上がりです。送る物品も重さによっては郵便より宅配便の方が安くつくこともあります。各運送業者との契約単価と、郵便料金の対比表を作り、安い方で送るようにすることです。

三つ目は電気・水道光熱費などの削減です。水道の使用量の推移も、普段から確認していなければ、漏水に気づかないこともあります。会議室などのテレビやビデオデッキはいつも使うわけではありませんから、待機電力を使わないように、使用後は電源の元を切るように周知して管理することも必要です。

まず基本的な事項を見直してみることから改善の一歩がはじまります。

事務部門の改善チェックリスト

事務部門の改善

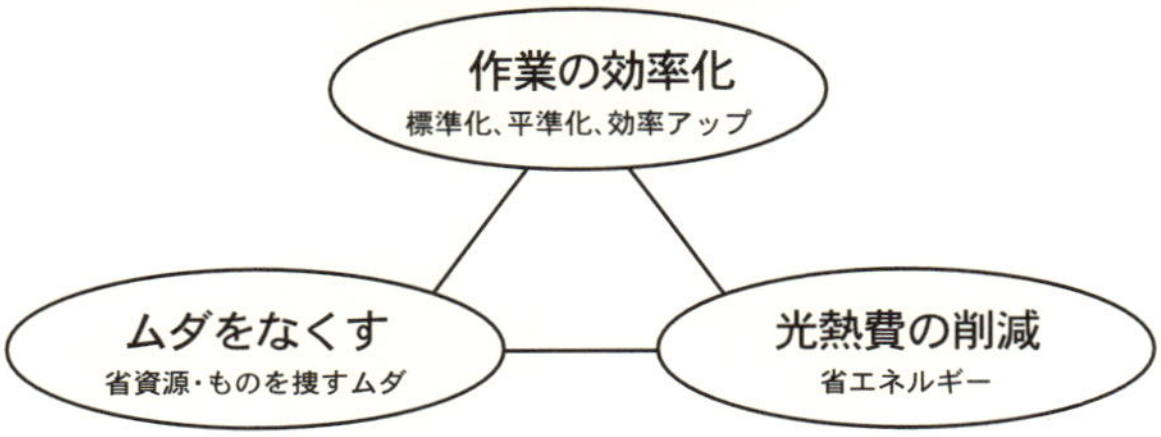

作業の効率アップ	① 手作業廃止	▶ 郵便物宛名書き ▸ ラベル印刷 送り状手書き ▸ 運送業者に依頼
	② 作業標準化	▶ 手順書整備(個人差をなくす)
	③ 作業平準化	▶ 締め日変更など(関係部署と調整)
	④ 物品の収納	▶ 場所を定位置化し表示する
	⑤ 空間有効利用	▶ 棚・書庫に仕切りを設け空間利用
	⑥ 伝言(電話)メモ	▶ 白紙手書き ▸ 様式印刷
	⑦ コーヒー・お茶	▶ セルフに(ポット・材料準備)
経費の削減	① 枚数の多いコピー	▶ 印刷機で印刷
	② コピー枚数低減	▶ 縮小・両面コピー
	③ 死蔵用紙・ミスコピー	▶ 伝言メモ・試し刷り用に
	④ 送品料金低減	▶ 郵送・宅配便料金リスト作成
	⑤ 電話料金低減	▶ Eメール・FAXを優先
電気・水道光熱費の削減	① 待機電力見直し	▶ 必要以外のものは電源の元を切る
	② 暗い場所センサーライト設置	▶ つけっぱなし対策
	③ 空調の温度管理	▶ 担当者を決め管理
	④ 西日の遮蔽・利用	▶ 夏はつる性の植物植栽、冬は利用
	⑤ すき間かぜ対策	▶ すき間の見直し、目張り
	⑥ 水道の漏水対策	▶ 使用量の推移を確認
	⑦ 太陽風呂の利用	▶ 手洗い用の湯、社宅の風呂用に

5　コスト改善の着眼点

コスト改善の専任業務に、２年間ぐらい携わったことがあります。来る日も来る日もコストをいかに下げるかを考えることが仕事で、頭を痛めたものです。「窮すれば通ず」という言葉がありますが、毎日繰り返し改善の検討を重ねていますと、不思議にあるときにふーっと案が浮かんでくるものです。

最終的には年間累計コストの改善金額が１億円を超えたと思いますが、毎日同じ部品、図面、仕入れ資料、仕入れ単価表を見ていますと、夜、就寝してからも夜中に何となく目が醒め、アイディアがひらめいて大きな改善につながったこともありました。

改善案を考えるには、それぞれの改善項目をまず対象物に照らし合わせてみることから始めたらよいと思います。小さくできないか、薄くできないか、省略できないか、二つの部品を一つにできないか、もっと安価な代用品はないか、特注の専用部品は汎用部品に替えられないかなど、思いつく限りの改善項目をつき合わせてみることです。

そのほか過去の実施提案や改善に関係した本などを参考に、他社の実施提案なども含め見直ししてみることです。諦めずに「ぜったいに改善してやる」といった粘りと根気と努力があれば、必ず改善案は出てくるものです。

コスト改善の着眼点

① 形や大きさ、厚さを変更できないか
プレス材、シート材、紙類、梱包材など薄くできないか

② 廃止や省略ができないか
ビスや保護的な部品、複写伝票全て必要か見直し

③ 代用品、代替品はないか
材料のグレードを落とせないか、耐熱性を落とせないか

④ 標準化、共通化できないか
ボルト、ビスなどの長さ、類似材料の共通化はできないか

⑤ 複数部品をひとつの部品にできないか
2ピースの溶接部品を1ピースの部品にできないか

⑥ 新工法・工法を変更できないか
機械加工部品を鍛造または樹脂成型品にできないか

⑦ 新材料はないか
安価な新材料はないか

⑧ ロット単位で購入、発注量増やせないか
注文をロット購入または注文数を増やし安くならないか

⑨ 特別注文品を汎用部品に替えられないか
特別注文品を一般流通の汎用部品に変更できないか

6　コスト改善の進め方とその手法

●改善基本項目による見直し

改善をするための着眼点や見直し項目があります。過去の改善事例を含めすべての見直し項目を、まずリストにまとめ上げます。そしてその項目の一点一点を、対象となるものに当てはめ、改善を検討していきます。

●金額、ロスの多いものを優先

最初の見直しがひととおり済みますと次は、大きな改善効果が得られそうなものをリストアップいたします。例えば購入金額ベースで上位１０品目とか、廃棄品やユーザークレームで金額の多いものなどです。どの職場でも同じですが、改善効果が大きいものをリストアップし優先して取り組むことが肝心です。

●仕入先など外部に依頼

「餅は餅屋」的発想で、仕入先にもっと費用を低くする工夫はできないか、改善案の検討を依頼します。また、取引のある商社などに相談してみます。商社ではあらゆる物を取り扱っていますから、他部門の窓口を紹介してくれたこともあります。専門的なことは専門のところに聞くと、期待以上の効果が上げられることもあります。

コスト・工数改善の基本事項3

1. 改善基本項目による見直し

① 基本的な改善項目を対象に当てはめてみる
② 過去の改善事例を参考にしてみる
③ 他社の改善事例を参考に展開してみる

2. 金額・ロスの多いもの優先

① 仕入れ金額の多い部品、製品
② 一番多く廃却になっている部品、材料
③ 金額の多いユーザークレーム部品、製品
④ 時間が多くかかっている作業
⑤ 機械化されていない手作業

3. 仕入先など外部に依頼

① 仕入先に改善案検討依頼
② 取引商社に改善案検討依頼
③ 売り込みメーカーに問題解決案を検討依頼

7　改善提案書の記入の仕方とポイント

改善提案書についてですが、とにかく分かりやすく記入することが大切です。せっかくの良い改善提案も、内容が分かりにくかったら、その提案書はスムースには処理されないでしょう。

提案書はできるだけ図やイラストを用いて書いた方が分かりやすいのですが、文章のみの場合は箇条書きにする方がベターです。中には延々と長い文章を書く人がいますが、逆効果です。今はたいていデジタルカメラがありますから、写真も簡単にパソコンに取り込め、印刷もでき、絵や図を書かなくてもすみます。

改善提案書は改善前と改善後の内容を対比して書きますと、分かりやすくなります。普段文章をあまり書かないという人は特に、図をメインにして補足説明を付けるぐらいの感じで書いてみたら良いと思います。図なら文脈など考えなくてもよいですし、見る側も分かりやすくなります。

改善提案は頭の中でただ考えただけの案では、いざ実施しようとすると、いろんな問題を含んでいる場合が多くあります。先に効果の検証が得られる提案は、その確認を終えてからにいたしましょう。

提案書は略図・箇条書きで

改善提案記入例

件名	空き缶、空き瓶混入防止	区分	環境改善

変更前

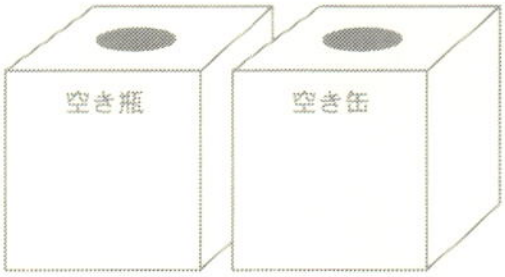

1.空き瓶、空き缶の表示の文字が小さく読みにくい

2.文字だけではすぐ判読できず誤って入れる。子供、外国の人は字が読めない

変更後

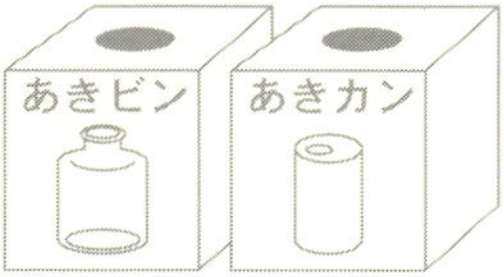

1.文字のサイズを大きくする

2.イラストを入れる
空き瓶、空き缶は「かな」にする

●改善提案書記入のポイント

① 文章は箇条書きにする

② 変更前と変更後を対比して書く

③ イラストや図を用いて記入する

④ タイトルは分かりやすく記入する
(分類、検索するのに必要)

⑤ 用紙に書き切れない場合は別紙を付ける
(デジカメで写真添付も一案)

STEP
6

職場の冠婚葬祭知識

1. 祝電・弔電の申込方法と注意点
2. 訃報連絡を間違えずに受ける
3. 供花・供物を送る際の注意事項
4. 恥をかかない弔問マナー
5. 職場に関係した熨斗袋の表書き
6. 長寿の賀寿名を知っておこう

1　祝電・弔電の申込方法と注意点

初めて電報を打つときはなかなか要領を得ないものですが、一度経験すれば要領はすぐにつかめるものです。ただ、事前に準備をしておく必要があるものもあります。

一番忘れがちなのは、電文の台紙でしょう。電報係の人から言われて、何にしようかと慌てることがあります。送る人や取引先の関係では、礼を尽くす意味で台紙を付ける場合があります。事前に確認をしておくことです。

一番注意しなければならないのは、名前を間違えないことです。間違えやすい苗字や名前などは、正確に伝えられるように事前に考えておくことです。例えば「川・河」は三本川の「川」、さんずいの大河の「河」などと、間違えないような伝え方をしましょう。

そして弔電の場合は事前の申し込みは無理ですが、結婚式など予め日取りが決まっている場合は、早めに申し込みしたいものです。三日前までに申し込みますと、百五〇円の割引となります。大安などの吉日は、電報係も混み合い電話がつながりにくくなることもあります。そんなときは無用にイライラすることにもなりかねません。お祝いごとなどは早めに電報の申し込みをすませることです。

祝電・弔電を電話で申し込む

● 電報を申し込む前に

① 宛先の住所・氏名・電文準備

② 間違えやすい名前は言い換えができるように準備

③ 発信する側の名前、肩書などは正式名称を確認

④ 必要な配達日時を確認

⑤ 台紙をつける場合はその種類を決めておく

⑥ かける電話の番号、所有者名を確認

● 電報を申し込む

① 115番にダイヤルする

② こちらの電話番号、所有者名を告げる

③ 電話局の方から電話がかかる

④ お祝いかお悔やみなどを伝える

⑤ 届け先、名前、メッセージを伝える

⑥ 必要事項を告げたら、復唱される

⑦ 電報料金が知りたければ尋ねる

電報料金は配達日の３日前までに申し込むと150円の割引となります。

2　訃報連絡を間違えずに受ける

従業員のご家族や関係会社の方に不幸があり、訃報の連絡が入れば、その内容を間違いなく受け付けて、上司や関係部署に伝えなければなりません。

まず、訃報連絡が入れば「誰のどういった関係に当たる方」が亡くなられたか、後は死亡日時、通夜、葬儀（告別式）の場所、日時、宗教、喪主の名前と問い合わせ先となる電話番号を確認しておくことが必要です。それらの確認ができましたら必ず、復唱をして間違いがないか再確認します。

通常は総務課などが受付窓口になりますので、それ以外の部署ではまず担当しませんが、総務課が設けられていない営業所や支店などでは、訃報連絡を直接受けることもあります。自分では手に負えないと思えば、先輩などと電話を替わってもらうことも必要ですが、受ける際は必要事項を洩らさないことと、復唱を必ず行うことです。

間違った訃報の情報を流せば大変なことになりますから、普段から何と何を確認しておかなければならないか、知っておくことです。たいていの会社には訃報連絡を受ける専用の用紙がありますので、それを手元に置いておくようにすればよいでしょう。こうした事項では手落ちがあってはいけません。慎重に処理をすることです。

訃報連絡の受付処理事項

● 確認事項

①社員と「どんな関係に当たる方」が亡くなられたか

②名前

③死亡日時

④年齢

⑤通夜の場所、時間、形式（仏式等）

⑥葬儀（告別式）の場所・日時

⑦喪主の名前、住所、連絡先(電話番号)

所定の様式があればそれに記入。なければ上記項目を参考に受けつける。

● 処理事項

①上司にまず連絡

②関係部署に連絡（掲示も含む）

③関係会社に連絡（必要時）

④弔問者の調整（通夜、葬儀・告別式）

⑤弔電申し込み

⑥香典準備

⑦袱紗または風呂敷準備（香典が多い場合）

3　供花・供物を送る際の注意事項

「郷に入っては郷に従え」ということわざがありますが、供花・供物も地域により金額や内容などに差があるようですから要注意です。特に遠方に生花や花輪などを送る必要がある場合は、その地域の関係先に確認を入れてみることです。そうすればその地域の慣習や相場をおおよそつかむことができるからです。

以前、遠方の取引先の関係会社に生花を送ったことがあります。その後、送った生花が物足りなかったような感想を間接的に耳にしたことがあります。取引先に問い合わせをし、それ相応なものを送ったので手落ちは考えにくいのですが、後味の悪いものでした。

いずれにしましても、自分の住んでいる地域と他の地域では、慣習の違いがありますから、必ず調べてから送るようにしたいものです。

生花や花輪などの注文は電話だけでなく、ＦＡＸを入れ、更に電話で内容に間違いがないかの確認を入れることです。ＦＡＸと電話で処理すれば、申し込んだ内容も明確になり、受けた方も間違えずに処理できます。

なお、家によっては供花・供物を辞退される場合もあります。先方に確認を入れてから、送るようにいたしましょう。

供花・供物を送る際の注意事項

供花・供物を送る場合は確認して送る

① 供花・供物を送るとき

供花・供物は辞退される場合もありますから、必ず先方に確認をしてから送るようにする

② 地域により程度差がある

生花ひとつにしても習慣や慣習が違いますから、関係先など遠方に供花・供物を送る際は、その地域の状況を見極めた上、相応のものを送る

③ 供花・供物の申し込み

FAXで注文を入れ電話で確認するようにすれば、処理したことが明確になり、間違いも少なくてすむ

【 対外的な香典などの記録 】

対外的な香典や見舞いなどは記録して残すようにすれば、同ケースが生じた場合、参考になる。

4　恥をかかない弔問マナー

同僚などのご家族が不幸にして亡くなられた場合には、友人として、または職場の代表として弔問することがありますが、普段から式服と白のカッターシャツだけはいつでも着られるようにクリーニング、準備しておくことです。

弔問の際に必要な数珠、白のハンカチなどは、式服と同じ場所にしまっておくようにすれば、いざ必要なときに慌てなくてすみます。

弔問したらまず受付で香典を渡し、会葬者名簿に記帳することになりますが、「この度はご愁傷さまです」「ご霊前にお供えください」などの言葉を添え、香典は名前を相手の方に向け、両手で差し出すようにして渡します。

代理で弔問する場合もありますが、この場合は本人の名前で記帳し、左下に小さく「代理○○○○」と記入しておくことが必要です。

その後霊前に進み焼香する前に一礼して遺影を仰ぎますが、そのとき少し間をおくようにすれば、見ていて感じのよいものです。あまりサッサといたしますと、軽率で心がこもっているようには見えないものです。故人と面識があった場合はぜひ出棺まで待って、見送りをしてあげたいものです。

弔問時の注意事項

● 準備するもの、よく忘れるもの

- ● 袱紗（ふくさ）…… 香典の熨斗袋を入れるもの
- ● 小風呂敷……… ふくさの代用として
- ● 数珠（じゅず）
- ● ハンカチ……… 白いハンカチを忘れやすい

● 代理での弔問

① 代理人であることを告げる

② 本人が伺えなかった理由を簡単に伝える

③ 記帳は本人名とし、左下に「代理○○○○」と小さく記入

④ 香典は本人名とする

● 仏式拝礼（抹香のたき方）

① 僧侶、遺族に一礼し、霊前に進み遺影を仰いで一礼する
（遺影を仰いだとき少し間を取れば見ていて感じがよい）

② 軽く頭を下げて抹香をおしいただく
（一般的には1回〜3回）

③ 合掌して冥福を祈る

④ 正面を向いたまま二三歩下がり、
遺族、僧侶に一礼して自席に戻る

5　職場に関係した熨斗《のし》袋の表書き

結婚祝いの表書きは「寿・壽」が一般的のようですが、「壽」の方が格調が高いようです。祝儀袋は入れる金額に応じて決めることが肝要です。金額が少ないのに熨斗袋だけ豪華なのは感心いたしません。また、慶事にはできるだけシワや汚れのない綺麗なお札を入れるようにしたいものです。できれば銀行で新札に交換してもらい入れるようにすれば、受け取った人も感激が増すことでしょう。

弔事の表書きですが、仏式の場合は「御香典」が一般的のようですが、宗派や宗教により異なりますので注意が必要です。神式の場合は「御玉串料」（おたまぐしりょう）、「御榊料」（おさかきりょう）。「御霊前」は一般的な表書きとして使えるようです。キリスト教の場合は、「お花料」が宗派を問わず使えます。「御ミサ料」「御霊前」はいずれも、カトリック教での葬儀の際に使える表書きとなります。

冠婚葬儀の際にお世話になる、霊柩車や送迎バスやタクシーなどの運転手への心付けは、「志」と表書きして包むのが一般的なようです。

表書きでよく間違う字は「餞別」の「餞」の字です。金銭の「銭」という字を誤って書いたのを何度か見かけましたので、注意することです。

熨斗袋の表書き

結　婚	御祝・寿・壽・祝御結婚
出　産	御出産祝・御安産御祝
長寿祝い	長寿御祝・（還暦）御祝
お中元	御中元
お歳暮	御歳暮
新　築	御新築御祝・祝御新築
栄転・昇進	御栄転御祝・祝御昇進
受賞・受章	祝御受賞・祝御受章
餞　別	御餞別
病気見舞い	御見舞・祈御全快
災害見舞い	災害御見舞・震災御見舞
仏式弔事	御香典・御香料・御霊前
神式弔事	御玉串料・御榊料・御霊前
キリスト教	お（御）花料・御ミサ料
お　礼	御礼・志

6　長寿の賀寿名を知っておこう

日本は今や豊かになり、医療技術も進歩して、日本人の平均寿命は８０歳を超え、世界一の長寿国となりました。そこで知識として節目となるお祝いの賀寿（名称）と、その由来ぐらいは知っておきたいものです。

私の小さいころは「還暦」を「元服」、「婚礼」とともに、三大祝儀のひとつとしてお祝いが行われていたようです。幼少のころ赤い座布団に赤いちゃんちゃんこ、赤い頭巾姿の男性を隣の家で見たような記憶があり、子どもながらも長寿のお祝いであることを知りました。

しかし、今では寿命も延び満６０歳と言えばまだまだ現役で仕事に活躍されている人が多く、還暦祝いの儀式も年齢とそぐわなくなったようです。今では還暦祝いはシャツやセーターなどの衣類などを送り簡単に済ませ、「古希」の７０歳を長寿としてお祝いをすることが多くなってきているようです。

長寿のお祝いの贈り物には、「還暦」を除き特に決まりはないようです。衣類や寝具、趣味があればそれに合った品物など、本人が喜ばれるものを送るのがよいようです。両親をはじめ親戚の人、お世話になった人にぜひとも心のこもったお祝いをしてあげたいものです。

長寿の祝いとその由来

名　称	数え年	由　来
還暦《かんれき》	61歳	数え年で61歳のお祝い。60年で再び生まれた年の干支に還ることから
古希《こき》	70歳	数え年で70歳のお祝。中国・唐の詩人、杜甫の曲江詩「人生七十古希稀」にちなむ
喜寿《きじゅ》	77歳	数え年で77歳のお祝い。「喜」の草書体は「七十七」と読めることから
傘寿《さんじゅ》	80歳	数え年で80歳のお祝い。「傘」の草書体、仐を分解すると八十になることから
米寿《べいじゅ》	88歳	数え年で88歳のお祝い。「米」の字を分解すると八十八になることから
卒寿《そつじゅ》	90歳	数え年で90歳のお祝い。「卒」の略字　「卆」が九十と読まれることから
白寿《はくじゅ》	99歳	数え年で99歳のお祝い。「百」の字から一をとれば「白」字となることから
百寿《じょうじゅ》	100歳	数え年で100歳のお祝い。「百賀」「上寿」ともいう

STEP

7

職場の安全衛生知識

1. 労働災害はほんの僅かな油断から
2. ヒヤリ・ハットをなくして事故を防ごう
3. 指差呼称で事故を未然に防ぐ
4. 交通事故防止は心のゆとりから
5. 炎天下では塩分の補給が生死を分ける
6. 化学物質から健康、身を守る
7. 危機管理は知らないではすまされない

１　労働災害はほんの僅かな油断から

平成１５年の調査では労働災害で亡くなった方が一年間に約１千７百人、４日以上仕事を休む休業災害を被られた方が約１３万人もおられます。建設業では「墜落・転落」、製造業では「はさまれ、巻き込まれ」の災害が多く、全産業では交通事故による死亡災害が多く発生しています。

以前勤めていた会社の労働災害を例にとりますと、通常作業より非定常作業、例えば工場のレイアウト変更をするための設備移動作業中の怪我、また、家屋の一部の解体中の怪我というケースが多くみられました。

一方、定常作業で怪我をするのは、グラインダーを使うとき保護メガネを付けていなかったために研削粉が飛び、目に刺さったとか、シンナーで洗浄作業中、やはり保護メガネをかけていなかったためにシンナーが飛散して目に入ったなど、注意事項を守っていなかった場合などです。

怪我、事故はささいなことから発生しているケースがほとんどなのです。非定常作業においては、事前に作業方法や手順の検討、定常作業では作業上の注意事項を必ず守ることが、自分の命を守り怪我からも守ることにほかなりません。

労働災害の主だった原因

● 事故、怪我の多い作業形態

非定常作業に多い

● 事故、怪我の原因・要因

――――― 災害は油断から ―――――

① 事前検討不足
（作業手順、作業方法の事前検討不足）

② 大丈夫だろうという過信
（これくらい大丈夫だろうという甘さによる過信）

③ 基本作業の不遵守
（作業手順や作業上の注意事項を守らない）

● 平成15年労働災害状況

労働災害死亡事故	1,628 人
4日以上の休業災害	125,750 人

労務安全情報センター『労働災害速報』から

【間接部門で多い怪我】

カッターナイフによる指、手の甲の創傷。樹脂のシートなど切る際一気に力を入れ切るためにカッターナイフの刃が定規から外れて手や指にいくため。数回に分けて切れば安全にきれいに切れる。

2　ヒヤリ・ハットをなくして事故を防ごう

ヒヤリ・ハット、つまり危ない、危険と感じることが職場で３００件あれば、２９件の軽微な怪我が発生し、さらに1件の重大事故が発生するといわれています。生産設備にしましても、過去の災害事例を基に災害対策が組み込まれていますが、生産する製品も変わっていきますので、新規に作る生産設備にもそれに応じた災害対策が必要です。

日々作業する中で危ないと思われる箇所があれば、上司にすぐ打ち上げて対策をしてもらうことです。危険と思いながらもそのまま機械を使用していて、怪我をした例も多くあります。とくに新しい設備や機械はトラブルも多く、危険がつきまといます。

生産設備、建物や付属設備も使っていれば、修理が必要な箇所が必ず出てきます。これらも不具合箇所が見つかった時点で、すぐに上司に報告し対策してもらうことです。

さらに整理整頓が悪くて物に当たったり、つまずいて転倒したりするケースも多くあります。整理整頓は各担当者でできることです。特に足元の整理整頓が悪いと、急いで行動し、物につまずいて転倒、怪我をする例が多くあります。職場の整理整頓は安全の基本ですから、常に心がけることが大切です。

ヒヤリ・ハットは大災害の前触れ

ヒヤリ・ハットに大事故が潜む

ヒヤリ
ハット
300件

軽傷事故
29件

家庭でも危ない箇所
はすぐ処置しよう

重傷事故
1件

【ハインリッヒの法則(1:29:300)】
1件の重大災害の裏には29件の軽傷災害があり、300件のヒヤリ・ハットがあるという

3　指差呼称《しさこしょう》で事故を未然に防ぐ

指差呼称は、旧国鉄で考え出されたもので、信号などを確認する際の基本動作として実施されていたものです。今では各企業などでも、広く行われるようになりました。この「指差呼称」は、作業を安全に誤りなく進めていくために必要なものです。

例えば車の運転で考えてみますと、踏切では一旦停止し左右を確認致しますが、「指差呼称」では実際に目で左右を確認するとともに、声を出してなおかつ右人差指で方向を指差して確認を行います。

この「指差呼称」は実験の結果、効果があることが実証されています。みなさんも声を出すのが恥ずかしいようであれば、心の中でつぶやくだけでもよいので、必要な作業での安全確認には、要所要所で「指差呼称」をしてみたら良いと思います。

駐車場で母親が車の位置を直そうとして、我が子を引き死亡させたという痛ましい事故が以前起きましたが、これらも車を後退させるときに、子どもよしという「指差呼称」で確認する習慣があれば、事故が防げたはずです。

普段から「安全」と「火の元」点検確認に「指差呼称」を行うようにすれば、事故を防ぐとともに不要な心配をしなくてすむことにもなります。

指差呼称には実証効果あり

指差呼称で安全確認

車移動時は必ず子供確認

4　交通事故防止は心のゆとりから

以前勤めていた会社では幸いにして、業務中の人身事故はなかったように思いますが、物損事故はけっこう発生していました。急いで車を運転していたときに事故を起していることが多くありました。車の運転には冷静さがいかに大切か、事故報告書に目を通すたび感じたものです。

平成１５年度の交通事故第一当事者の道交法違反別件数を調べてみますと、運転者の重大過失と思われる安全不確認、脇見運転などの5項目で全体の7割近くを占めています。「大丈夫だろう」という「過信」と事故への「無知さ」が人の尊い命を奪う結果になっているのです。

出張の時、車で知らない土地に出かける際は、特に注意が必要です。事前に調べておかないばかりに道に迷ったり、渋滞に巻き込まれ急ぐことになったりします。初めての土地へ出張するときは、道順は勿論知っておくことですが、道路工事や自然渋滞などの情報も事前に調べておくことです。

それと高速道路を使用するときは特に、車の燃料、ブレーキ・クラッチオイル、エンジンオイル、冷却水の量やタイヤの空気圧などを点検し出かけることも運転者の責務です。

事故防止は心のゆとりと少しの気配り

● 死亡事故

1人／約1時間

平成16年 死傷者数

7,358人

（警察庁発表調べ）

● 事故は防げる

● 法令違反別ワースト5（交通事故に関わる違反）

① 安全不確認	266,931件	（28.2％）
② 脇見運転	154,615件	（16.3％）
③ 動静不注視	94,697件	（10.0％）
④ 操作不適	64,741件	（6.8％）
⑤ 漫然運転	56,799件	（6.0％）

（警察庁発表調べ　平成15年度）

● 事故を起こさない・遭わない運転

① 過信運転をしない（確認は確実に）

② 運転中は他の動作を平行して行わない
（携帯電話使用、車内の落し物を拾うなど）

③ 早め早めに合図を出し車線変更、停車を行う

④ 夕暮れは早めにライト点灯。

⑤ 自分の車が渋滞の後部に着けばハザードランプを点灯

⑥ 燃料、各オイル、冷却水、タイヤ等点検実施

5　炎天下では塩分の補給が生死を分ける

近年地球の温暖化が叫ばれていますが、国内でも夏場は外気温が４０℃前後にまで上がり、多くの人が熱中症で病院に運びこまれるなどの事態となっています。この熱中症も建設現場では、実際に死亡事故にまで至っていますから、十分な注意が必要です。

発汗すると塩分が体の外に出ていき、体液の塩分濃度がしだいに薄くなっていきます。発汗を伴う作業やスポーツには、塩分の補給が必要になります。また、睡眠不足など体調不十分なときも、炎天下での作業、スポーツは問題です。

ずいぶん前の話ですが、近くのゴルフ場でゴルフの合宿訓練をしていた大学生が、熱中症で死亡したことがあります。総務に所属していたとき、産業医をお願いしている医師がその新聞記事のコピーを定例安全衛生会議に持ってこられ、それを掲示板に貼り出した覚えがあります。暑さで体がおかしいと感じたら、涼しいところで休むことと水分をとること、また体調が悪いときには、炎天下での作業は避けることです。

喉が渇けば冷たい缶コーヒーやジュースなどの清涼飲料水が飲みやすく美味しいかも知れませんが、多くの水分を体が要求するようであれば、塩を入れた麦茶などを飲むことです。塩分の補給をするかしないかで、生死を分けることがあることも知っておきましょう。

夏のスポーツ・作業に塩分補給

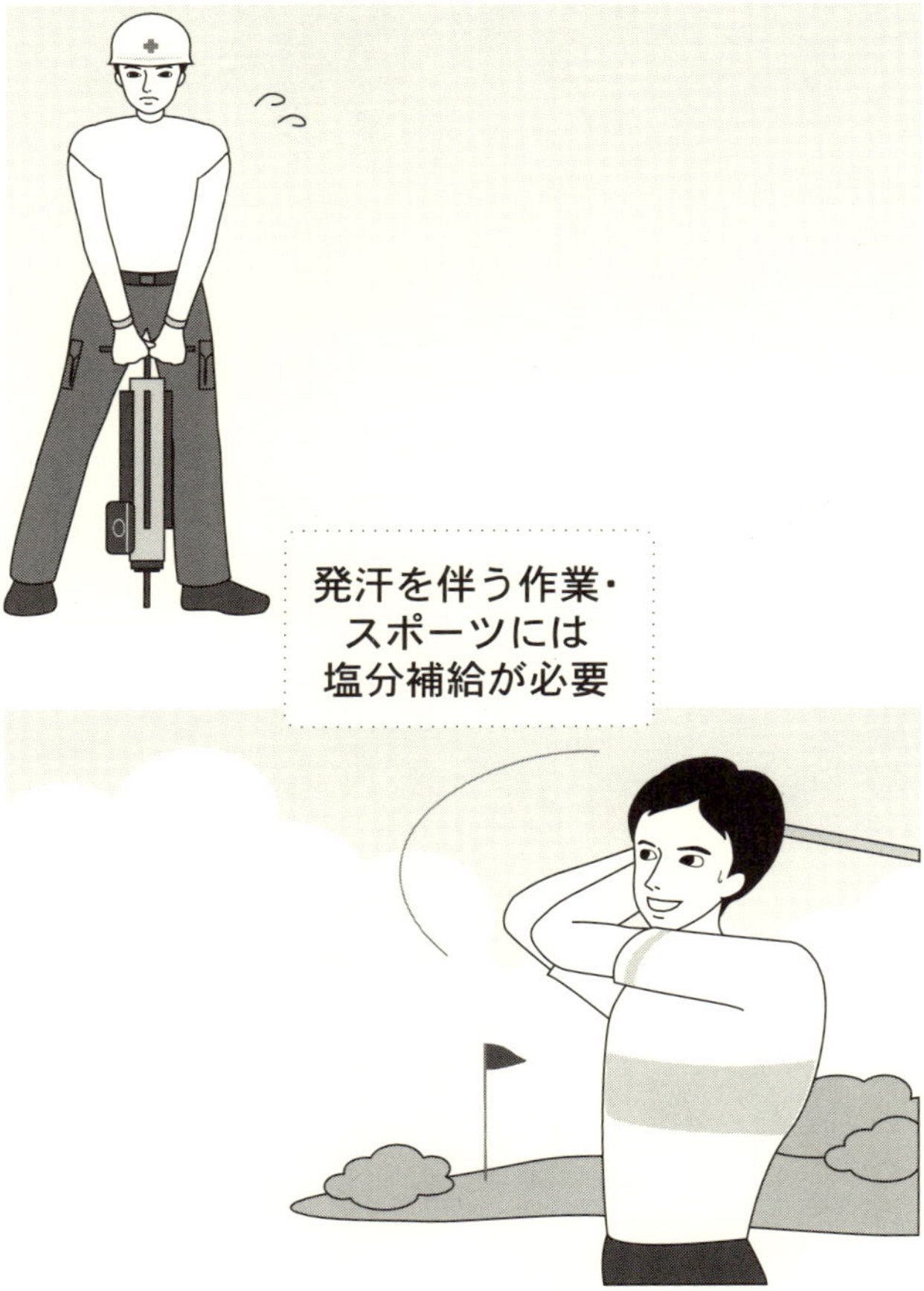
発汗を伴う作業・
スポーツには
塩分補給が必要

6　化学物質から健康、身を守る

近年、化学物質による環境汚染や人体に及ぼす影響が社会問題となり、ＰＲＴＲ法、労働安全衛生法、毒物劇物取締法の改定により、「製品安全シート『ＭＳＤＳ』」の交付が義務づけられるようになりました。

それらの製品安全シートには性状（外観・色相）、人体並びに健康に関すること、引火性など火災に関すること、作業上の取り扱い、保管、輸送、廃棄に至るまでの諸注意が記載されています。それらの注意事項を守って取り扱いをしなければなりません。

購買部署で新しく化学物質を含む製品の購入に当たっては、その製品の製品安全シートを事前に取り寄せ、現場での使用の際に、事故が発生しないようにすることが求められます。

化学物質や有機溶剤（シンナー類）は、換気の悪い部屋などで使用すれば急性中毒で死亡することもあります。また、死亡しないまでも日々吸引することで、健康が損なわれていきます。特に「特化物」という特別化学物質の取扱いには、注意が必要です。

化学物質を含有する製品の取扱いは、必ず製品安全シートに基づいて行い、引火性のある物質については、消防法により管理が必要です。家庭などで誤って農薬や殺虫剤を飲む事故が起きていますが、こうした物質は絶対に他の容器に移し替えないことです。

化学物質は法に定める管理を

● MSDS（製品安全シート）

製品安全シートの項目 (jISZ7250)	
1. MSDSの対象となるものの名称	9. 廃棄上の注意
2. MSDSを提供する会社名ほか	10. 輸送上の注意
3. 化学物質が漏出した際に必要な処置	11. 有害性・暴露性の概要
4. 取扱い上、保管上の注意	12. 応急処置
5. 物理的化学的性状	13. 火災時に必要な処置
6. 安全性及び反応性	14. 労働者に対する暴露防止措置等
7. 有害性	15. 適用される法令
8. 暴露性	16. その他必要な情報

危険！

化学物質

● 取扱いの注意事項

① 取扱いの注意事項をよく確認し使用する
（健康上の問題、火災の注意事項は特に留意する）

② 保管に関しては密閉など行い暴露を防ぐ

③ 廃棄に関しては他の廃液と混合しないなど、注意事項を確認してから行う。

④ 他の容器に移し替えないこと。誤使用の恐れがある

⑤ 廃棄物の残渣は法令に従い処理をする

家庭でも殺虫剤、農薬には特別管理が必要。他の容器に絶対移し替えないこと。誤飲には特に注意が必要！

7　危機管理は知らないではすまされない

最近の放火事件では、埼玉の一連のドン・キホーテ連続放火事件、以前では武富士の青森支店の放火事件など、いずれも社員の方が亡くなるという痛ましい事件が起きています。今や通常の防火管理とともに、放火対策、更に地震、異常気象による集中豪雨などの自然災害も視野に入れた危機管理が、避けて通れなくなりました。

各企業や官公庁で消火器による消火訓練をすることがありますが、消火器の本数に限りがあり、全員が体験をするというわけにはいきません。

ずいぶん前ですが、シンナーを浸した布で機械の加熱した部分を清掃中、その布から発火し、更にシンナーの瓶に引火、燃え上がるということがありました。アッという間の出来事でしたが、責任者は見るや否や、すぐに消火器を取りに行き消火されました。普段から消火器の位置、使い方をキチンと身につけていたため、素早い初動動作ができたのです。

平素から火災、地震、水害などの災害を想定した消火訓練、非難訓練を行い、備えることと、必要な箇所は必ず定期的に点検することです。火災や事故は、普段の点検がおろそかになっている場合が多いのです。人命を救い災害を最小限にとどめるには、管理すべき事項を明確にし、洩れのないよう点検をすることが何より大切です。

危機管理体制を見直す

防火・防災組織・機能見直し事項

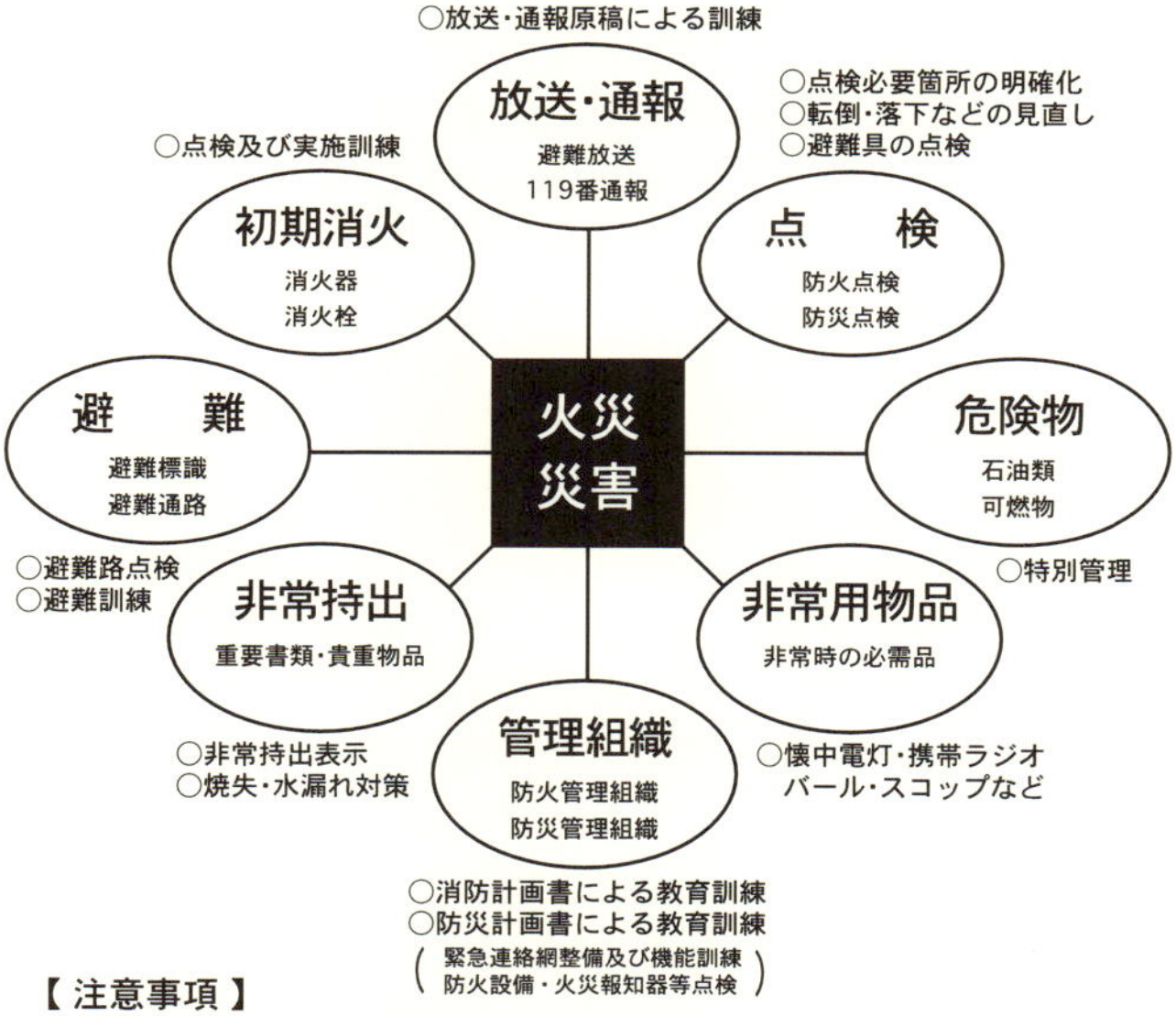

【注意事項】

①点検しにくい箇所や、発熱、発火しやすい機械設備の完全点検実施

②火気を使用する作業では可燃物の除去または覆いなど対策の実施

③災害発生を想定した訓練の実施（体で覚えなければ緊急時動けない）

阪神大震災必需品ベスト7

1	携帯ラジオ	67.6%
2	飲料水	58.8%
3	懐中電灯	58.1%
4	医薬品	50.0%
4	棚などに重い物を置かない	50.0%
5	非常食	42.3%
6	家具など倒れ防止	33.3%
6	耐震自動消火ストーブ	33.3%
7	貴重品ひとまとめに	28.6%

震災直後被災者840人調査（複数回答）：神戸市消防局

工場火災発火源ワースト4

1	電気による発熱体 電気機器類、電灯電話線等の配線、移動可能な電熱器 固定の電熱器、配線器具ほか	28.3%
2	火種 たばことマッチ、火花、火の粉、裸火ほか	21.1%
3	ガス油類を燃料とする道具装置 プロパン用固定ガス設備、油燃料用固定設備、 油燃料用移動可能な道具、プロパン用移動可能な道具ほか	15.5%
4	高温の固体 高温の固体、摩擦により熱せられたものほか	8.5%

（社）日本損害保険協会安全防災部調査資料による2001年4月

◎ 参考文献および推薦する書籍 ◎

本書をまとめるにあたり、諸先輩方の多くの本を参考にさせていただきました。この場をお借りし厚くお礼を申し上げます。

『ことばの便利帳』（知的生活研究所　青春出版社）
『葬儀・法要のあいさつと手紙』（主婦の友社）
『ビジネス文書の形式と表記方法』（産能大学　通信教育テキスト）
『実践的ライター入門』（松枝史明　ＰＨＰ研究所）
『印鑑・文書・契約の法律』（弁護士・小林英明　ダイヤモンド社）
『管理者革命』（畠山芳雄　日本能率協会）
『ＶＡ・ＶＥによるコストダウン入門』（水戸誠一　中央経済社）
『本づくり大全』（美術出版社）
『広辞苑』（新村出編　岩波書店）

「これで差《さ》がつく　職場《しょくば》の常識《じょうしき》　非常識《ひじょうしき》」

平成17年９月10日初版発行
著者名　藤原《ふじわら》誠二《せいじ》
発行者　増本利博
発行所　明窓出版株式会社
〒164-0012
東京都中野区本町6-27-13
電話　03（3380）8303
FAX　03（3380）6424
振替　00160 - 1 - 192766
印刷所　株式会社シナノ
落丁・乱丁はお取り替えいたします。
定価はカバーに表示してあります。